Grønlands Historie

Elevopgaver

Torbjørn Ydegaard

Grønlands Historie

Elevopgaver

Forlag: BoD – Books on Demand, Hellerup, Danmark
Tryk: BoD – Books on Demand, Norderstedt, Tyskland
ISBN: 9788743034483

INDHOLD

DE ARKTISKE JÆGERKULTURER

Grundfortællingen i de arktiske jægerstammers grønlandske historie er den gentagne indvandring; et folk med rødder langt mod vest er kommet vandrende til Grønland, har befolket landet for en periode og er så forsvundet igen. Efter nogle hundrede år har det samme gentaget sig. Igen og igen.

Beskrivelsen af østgrønlændernes kultur og levevis er interessant, fordi den bevæger sig fra en nøgtern beskrivelse over den romantiske kritik til det sociale kollaps.

Opgave 1: Natur og kultur

Geografi: Naturgrundlag og levevilkår samt Demografi og erhverv

- *Grønlands Historie*: De arktiske jægerkulturer og Nordboerne

- Hvad betyder naturen for menneskers materielle kultur – for hvordan de skaffer sig tøj på kroppen, tag over hovedet og mad på bordet?

- Hvilken indvirkning tror du, den teknologiske udvikling kan have på den materielle kultur?

Opgave 2: Kulturernes udbredelse

Kronologi, brud og kontinuitet

- *Grønlands Historie*: Forhistoriens arktiske jægerkulturer

- Marker med forskellige farver de enkelte arktiske jægerkulturers udbredelse i Grønland.

Independence I

Saqqaq

Independence II

Tidlig Dorset

Sen Dorset

Opgave 3: Forklaring og funktion
Praktisk historisk problemstilling
Kristendomskundskab: Ikke-kristne religioner og livsopfattelser

* *Grønlands Historie*: Forhistoriens arktiske jægerkulturer

* At forklare teltets indretning som et spejlbillede af en guddommelig orden betyder, at teltets indretning altid bliver den samme. Det kan være en måde at fastholde en funktionel indretning på.

* Kan der være en fare ved at forklare en handling religiøst i stedet for alene ved dens funktion?

* Nævn nogle ting vi gør i dag, som begrundes med tradition eller religion, men som samtidig har en praktisk funktion, uanset den religiøse forklaring.

Opgave 4: Stenalderkulturer
Kanonpunkter som udgangspunkt for historisk overblik.

- *Grønlands Historie*: Forhistoriens arktiske jægerkulturer
- Find ud af hvordan stenalderfolk i Danmark har levet, og sammenlign deres boliger, redskaber og åndelige kultur med de tidlige arktiske jægerkulturer.
- Kan din teori fra den første opgave om en sammenhæng mellem natur og kultur også anvendes på danske forhold?

Opgave 5. Synåle og skrabere

Konstruktion og historiske fortællinger

- *Grønlands Historie*: Forhistoriens arktiske jægerkulturer
- Hvorfor var det så vigtigt for Independence-folket at kunne lave synåle?
- Hvad brugte man skrabere til?
- Hvad siger dette om vigtigheden af kvindernes arbejde?

Opgave 6: Skitse af et hus fra Inuit-kulturen

Praktisk historisk kildearbejde

- *Grønlands Historie*: De historiske jægerkulturer
- Tegn et tværsnit af et hus fra Inuit-kulturen, der viser briksen og husgangen.
- Forklar princippet i husgangen som en varmelås.

Opgave 7. Model af teltplads

Relaterer til historiekanonen: *Ertebøllekulturen*

Historiske scenarier

Kulturelle og miljømæssige ligheder og forskelle mellem Danmark og Grønland

- *Grønlands Historie*: De historiske jægerkulturer
- Lav en model af en lejrplads med telt, ildsted, mennesker og hunde.

Opgave 8: Harpunspids

Praktisk historisk kildearbejde

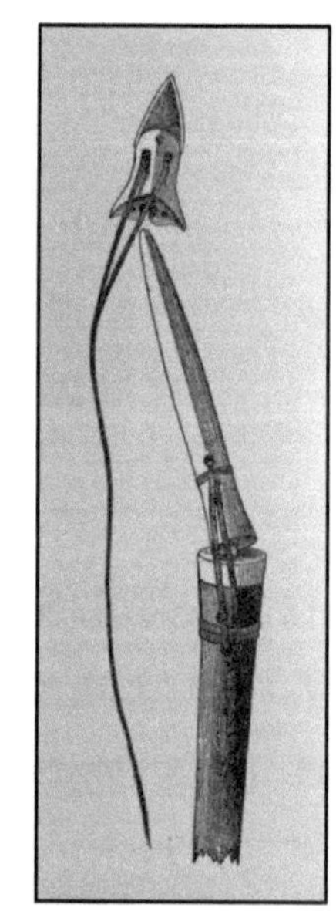

Efter Nansen, 1942b

- *Grønlands Historie*: De historiske jægerkulturer

- Harpunen består af et langt skaft af træ med et forstykke af ben. På forstykket sidder den løse harpunspids, der er fastholdt med en rem forbundet til den oppustede fangstblære. Når harpunspidsen går ind i dyret, falder skaftet af og kan samles op fra umiaq'en. Remmen er fastgjort på den forreste halvdel af harpunspidsen, så denne ved belastning af remmen drejer sig på tværs inde i såret og ikke kan falde ud.

- Konstruer en harpun (evt. kun i træ og læderremme) efter ovenstående beskrivelse og demonstrer dens funktioner

Opgave 9: Bola

Praktisk historisk kildearbejde

- *Grønlands Historie*: De historiske jægerkulturer

- En bola er et kasteredskab bestående af tre reb på ca. 1 meter, bundet sammen i den ene ende og med vægte i den anden. Rebene viklede sig om benene på det jagede dyr, som derfor faldt og kunne stikkes ihjel af fangeren.

- Lav en bola og demonstrer i praksis, hvordan den virker.

Opgave 10: Drillbor

Praktisk historisk kildearbejde

- *Grønlands Historie*: De historiske jægerkulturer

- Et drillbor består af et bundstykke af træ med en fordybning i, en pind med afrundet spids, der passer i fordybningen samt en klods til at styre pinden med. Om pinden vikles en rem eller snor en enkelt gang.

Drillboret virker ved at én person styrer pinden med klodsen og samtidig står på bundstykket og fastholder det. En anden person drejer pinden frem og tilbage med remmen. Nede i fordybningen fremkommer der gløder, der kan antænde noget tørt mos eller lignende.

- Lav et drillbor og demonstrer hvordan det virker.

Opgave 11: Navngivningens betydning

Samfundsfag: Kulturens betydning

Kristendomskundskab: Ikke-kristne religioners fremtrædelsesformer

- *Grønlands Historie*: De historiske jægerkulturer

- Drøft om traditionen med navngivning kan påvirke et menneskes selvopfattelse, så det måske anser sig for mere værdifuldt end andre mennesker.

- Drøft om traditionen med navngivning kan påvirke et menneske, så det udvikler sine evner i overensstemmelse med ideen bag navngivningen – bliver man en dygtig fanger af at være opkaldt efter en dygtig fanger?

Opgave 12: Myternes betydning i dagligdagen

Samfundsfag: Kulturens betydning

Kristendomskundskab: Ikke-kristne religioners fremtrædelsesformer

- *Grønlands Historie*: De historiske jægerkulturer

- Hvordan vejleder de to myter om Sassuma Arnaa og om Maliina og Aningaaq menneskene om, hvordan de skal handle og opfører sig?

Opgave 13: Halo og bisole

Geografi: Jordkloden og dens klima

Samfundsfag: Kulturens betydning

Kristendomskundskab: Ikke-kristne religioners fremtrædelsesformer

- *Grønlands Historie*: De historiske jægerkulturer

- I fortællingen om Maliina og Aningaaq er de mytiske forklaringer på fænomenerne halo og bisole beskrevet. Find og beskriv de naturvidenskabelige forklaringer på de to fænomener.

Opgave 14: Inuits kosmologi

Samfundsfag: Kulturens betydning

Kristendomskundskab: Ikke-kristne religioners fremtrædelsesformer

- *Grønlands Historie*: De historiske jægerkulturer
- Lav en planche, der illustrerer Inuits verdensforståelse.
- Drøft betydningen af den verdensforståelse for Inuit.

Opgave 15: Hvad er du bange for?

Historiske scenarier

Samfundsfag: Kulturens betydning

Kristendomskundskab: Ikke-kristne religioners fremtrædelsesformer

- *Grønlands Historie*: De historiske jægerkulturer
- En gang sejlede jeg i Ammassalik distrikt sammen med en gruppe store drenge og deres lærer. Skyerne hang lavt, der var spredte tågeklatter og mindre isbjerge rundt om os. Ved en nedlagt bygd ville vi i land for at hente frisk vand til kaffe, men ingen af de store drenge turde gå i land. Deb var bange for qivittoqqer. Derfor måtte deres danske lærer ind og hente vand.
- Har du tilsvarende ikke-rationelle ting, du er bange for?

Opgave 16: Overgangsritualer

Historiske scenarier

Samfundsfag: Kulturens betydning

Kristendomskundskab: Kristne og ikke-kristne religioners fremtrædelsesformer

- *Grønlands Historie*: De historiske jægerkulturer

- Sammenlign de inuitiske overgangsritualer med de tilsvarende ritualer i din egen kulturkreds

Opgave 17: Begravelsesritualer

Historiske scenarier

Samfundsfag: Kulturens betydning

Kristendomskundskab: Kristne og ikke-kristne religioners fremtrædelsesformer

- *Grønlands Historie*: De historiske jægerkulturer
- Kan man forklare begravelsesritualerne i den kristne kirke – eller den religion du måtte tilhøre – på samme måde – ud fra et religiøst og et rationelt perspektiv?

Opgave 18: Tupilakker, talemåder og karma

Historiske scenarier

Samfundsfag: Kulturens betydning

Kristendomskundskab: Kristne og ikke-kristne religioners fremtrædelsesformer

- *Grønlands Historie*: De historiske jægerkulturer
- På dansk kendes talemåden: *Den der graver en grav for andre, falder tit selv deri.* I flere indiske religioner kendes begrebet *karma*, der betegner sammenhængen mellem årsag og virkning, mellem intentioner og gerninger og deres virkning, eventuelt deres virkning på ens genfødsel eller reinkarnation.
- Argumenter for, hvordan inuitiske tupilakker, danske talemåder og indiske teorier om karma kan have adfærdsregulerende funktioner til fordel for både samfundet og den enkelte.

Opgave 19: Angakkoqqens virkning

Historiske scenarier

Samfundsfag: Kulturens betydning

Kristendomskundskab: Kristne og ikke-kristne religioners fremtrædelses-
former

- *Grønlands Historie*: De historiske jægerkulturer
- Når der har været angakkut gennem så mange generationer, må deres evner og handlinger til en vis grad have båret frugt.
- Giv en rationel forklaring på, hvorfor åndemaning og sjælerejser kan have virket efter hensigten, også selvom du ikke tror på evnen til sjæ-lerejse.

Opgave 20: Gensidig altruisme

Historiebrug

Samfundsfag: Velfærdsstater og Kultur

- *Grønlands Historie*: De arktiske jægerkulturer og Nordboerne
- Hvad er fordelene ved den gensidige altruisme fremfor et mere egoi-stisk forhold til fangsten?
- Betyder sætningen *forventning om at de også deler med én selv* nogle begræns-ninger i forhold til hvem man deler med?

Opgave 21: Seksuelle krænkelser

Historiebrug

- *Grønlands Historie*: De arktiske jægerkulturer og Selvstyre
- Seksuel misbrug af børn et stort problem i dagens Grønland:
- 53% af de unge har deres seksuelle debut inden de er fyldt 16 år
- 25% af de unge har deres seksuelle debut imod eget ønske
- 57% af de unge oplever efterfølgende seksuelt samkvem imod eget ønske
- Ser du forhold i kulturhistorien, der kan være med til at forklare de mange nutidige seksuelle krænkelser?
- Ser du forhold i nutiden, der kan være med til at forklare de mange seksuelle krænkelser?

- Hvad kan man gøre for at formindske eller eliminere de seksuelle krænkelser? Hvad kan I gøre i jeres klasse for at undgå dem?

Opgave 22: Sammenlign de arktiske jægerkulturer

Kronologi og sammenhæng og Historiebrug

- *Grønlands Historie*: De arktiske jægerkulturer
- Du skal sammenligne de forskellige arktiske jægerkulturer og beskrive udviklingen i deres materielle kultur.
- Lav et skema, hvor du skriver de forskellige kulturer ud ad X-aksen og de forskellige kulturelementer ned ad Y-aksen (udbyg skemaet med mange flere kulturelementer):

	Indep. I	Saqqaq	Indep. II	Tidlig Dorset	Sen Dorset	Inuit
Hus med ildsted	✓					
Spæklampe		✓				
…						
…						

Opgave 23: Den sande beskrivelse

Videnskabelig metode generelt

- *Grønlands Historie*: Antropologier
- I teksten om Østgrønland er du blevet præsenteret for en række forskellige beskrivelser af den østgrønlandske kultur og hvad danskernes kolonisering har betydet.
- Østgrønlænderne er beskrevet som både søde og rare 'ædle vilde' og som hedninge, der begår selvmord og slår hinanden ihjel for ingenting. Og den kristne mission er beskrevet som en religion, der giver frihed fra de mange onde væsner i den østgrønlandske tro, og som en ufølsom vejtromle, der knuser en flere tusinde år gammel kultur. Forskellene er så store, at de ikke alle kan være sande – eller kan de? Drøft følgende udsagn og spørgsmål og overvej din egen mening:

a)   Vi må forvente, at beskrivelser af videnskabelig karakter – hvilket ind-
befatter antropologiske beretninger – er sande (det vi også kalder *objektive*) og ikke bærer præg af forfatterens personlige holdninger.

b)   Hvis du forventer objektive beretninger, hvordan afgør du så, hvilke
der er sande og hvilke der er falske?

c)   Vi må erkende, at selv med den bedste hensigt om at være objektiv,
lader det sig ikke gøre. Vi ser, hører og oplever forskelligt, og det vil
beretningerne bære præg af. Det er der ikke noget at gøre ved.

d)   Hvis vi skal leve med forskellighederne, kan vi så overhovedet tale om
'sandhed'?

e)   Vi skal ikke bare leve med den manglende objektivitet i beretningerne.
Vi skal bruge den aktivt, for kun ved at drøfte de forskellige opfattel-
ser, kan vi i fællesskab nærme os sandheden.

f)   Hvis vi kun kan 'nærme os sandheden', bliver vi så overhovedet klo-
gere på noget som helst?

Opgave 24: Etnografisk metode
Kildearbejde

- *Grønlands Historie*: Antropologier

- Sammenlign Holms metode til indsamling af etnografisk dokumenta-
tion med en anden klassikker indenfor faget: Margaret Meads *Coming
of Age in Samoa* fra 1928. Hvor Holm bor og lever nogenlunde på lige
fod med de lokale Inuit, boede Mead hos et missionær-ægtepar på Sa-
moa adskilt fra lokalbefolkningen. De unge piger kom til hende, og
svarede på hendes spørgsmål om opvækst, pubertet og drenge. Hvem
tror du fik de mest autentiske beretninger med hjem? Læs evt. mere
om *Coming of Age in Samoa* på wikipedia inden du svarer på spørgsmå-
let?

Opgave 25: Socialdarwinisme eller...
Historiebrug
Samfundsfag: Kultur

- *Grønlands Historie*: Antropologier

- Inuitkulturen i Ammassalik, sådan som Holm beskrev den, er et samfund underlagt darwinismens hårde lov om naturlig udvælgelse og den bedst egnedes overlevelse: man må regne med mange dødsfald. Men de, der overlever, er de bedst tilpassede til forholdene – og det er dem, der bliver forældre til næste generation.
- Overvej fordele og ulemper ved det socialdarwinistiske system for en lille gruppe som ammassalikerne.
- Sammenlign med den danske velfærdsstat.

Opgave 26: Kolonisering – udvikling eller afvikling?

Historiebrug

- *Grønlands Historie*: Antropologier
- Forklar og begrund Rüttels og Thalbitzers forskellige opfattelser af missionsarbejdet.
- Er der forhold hos ammassalikkerne, som Thalbitzer mere eller mindre bevidst overser i sin argumentation imod missionen?
- Er der forhold i missionens konsekvenser for ammassalikkerne, som Rüttel mere eller mindre bevidst overser i sin argumentation for missionen?
- Hvordan synes du koloniseringen af Ammassalik, på baggrund af diskussionen mellem Rüttel og Thalbitzer, burde have foregået – hvis den da overhovedet skulle have fundet sted?

Opgave 27: Therkel Mathiassens overvejelser

Historiebrug

- *Grønlands Historie*: Antropologier
- Er det i orden, at ikke-vestlige kulturer bare tromles ned og forsvinder?
- Har menneskene i de ikke-vestlige kulturer 'ret' til de samme goder og rigdomme, som vi har adgang til?

- Kan man forestille sig en verden, hvor der er plads til at leve som ammassalikkerne gjorde det før koloniseringen? Er der overhovedet mennesker, der ønsker at leve sådan?

- Hvad mister ikke bare den ikke-vestlige kultur, men også Vesten, når den kulturelle mangfoldighed forsvinder?

- Har vi på verdensplan brug for den kulturelle mangfoldighed til at vise os andre måder at leve på, i en verden, der er ved at forgå i klimakatastrofen?

Opgave 28: Kampen om kød og skind

Historiebrug

- *Grønlands Historie*: Antropologier

- Hvem bør have førsteretten, når oprindelige folk som Inuit kæmper med folk fra den rige verden om adgang til naturens levende ressourcer (hval og sæl for eksempel)?

- Er det i orden, at oprindelige folk som Inuit går til grunde, fordi industrialiserede nationer tager deres livsgrundlag fra dem?

Opgave 29: Beregn antal sæler per person

Historiebrug

Samfundsfag: Statistik

- *Grønlands Historie*: Antropologier

- Beregn hvor mange sæler, der i gennemsnit var til rådighed per person i 1884 og 1965.

- Hvad fortæller tallene om den forandrede levemåde i området – især når man traditionelt har betragtet 'sæl' = 'mad', og al anden føde som udtryk for sult, også selvom man kunne spise sig mæt?

Opgave 30: Forholdet mellem befolkningstal og boliger og bopladser

Historiebrug

Samfundsfag: Statistik

- *Grønlands Historie*: Antropologier
- Konstruér tre grafer, der i et koordinatsystem viser udviklingen i befolkningstal, antal boliger og antal bopladser. Hvad fortæller graferne om udviklingen/afviklingen af de gamle vinterhuses familiære fællesskaber?

NORDBOERNE

Hvis de arktiske jægerkulturers grundfortælling er den gentagne indvandring, hører nordboerne med i denne fortælling. Også de kom til Grønlands kyster fra fjerne egne, slog sig og levede af landet i godt 500 år.

Modsat jægerkulturerne kom nordboerne fra øst og bragte en helt anden kultur med sig, både materielt og åndeligt. Og modsat det vi ved om jægerkulturerne, holdt nordboerne kontakten tilbage til deres oprindelseslande – i hvert fald så længe det var fysisk muligt. *Kontinuitet* og *brud* i samme grundfortælling.

Opgave 31: *Branding*
Historiske scenarier

- *Grønlands Historie*: Landnam i Grønland

- Det siges, at Eriks navngivning af Grønland er verdens første eksempel på *branding* og reklame. Kender du eksempler på moderne former for *branding* og reklamer, der benytter samme metode?

Opgave 32: Nordboernes områder
Geografisk afgrænsning
Regional forståelse

- *Grønlands Historie*: Landnam i Grønland

- Indtegn de bebyggede områder i Grønland på et kort.

- Hvorfor bosatte man sig aldrig nordligere end Vesterbygden?

- Og hvorfor bosatte man sig aldrig op ad Østkysten?

Opgave 33: Norrøne stednavne

Kendskab til det norrøne landskab i Sydgrønland

- *Grønlands Historie*: Landnam i Grønland

- Mange norrøne navne er endnu i brug eller er kendt i Sydgrønland. Kan du placere dem på et kort?:

Brattahlid/Qassiarsuk
Gardar/Igaliku
Vatnaverfi
Hvalsey (Kirkeruin)
Undir Høfdin
Burfjeld/Illerfissalik
Undir Solarfjollum/Sillisit
Eriksfjord/Tunulliarfik
Ejnars Fjord/Igalikup Kangerlua
Hrafns Fjord/Alluitsup Kangerlua
Siglu Fjord/Uunartoq Kangerlua
Alpta Fjord /Søndre Sermilik
Ketils Fjord/Tasermiut
Herjolfsnes

Opgave 34: Leifs rejse til Norge – og tilbage igen

Historisk scenarie

- *Grønlands Historie*: Landnam i Grønland

- Indtegn Leifs rejsevej fra Brattahlid i Grønland til Trondheim i Norge og hjem igen, inklusive opdagelsen af Vinland på et kort.

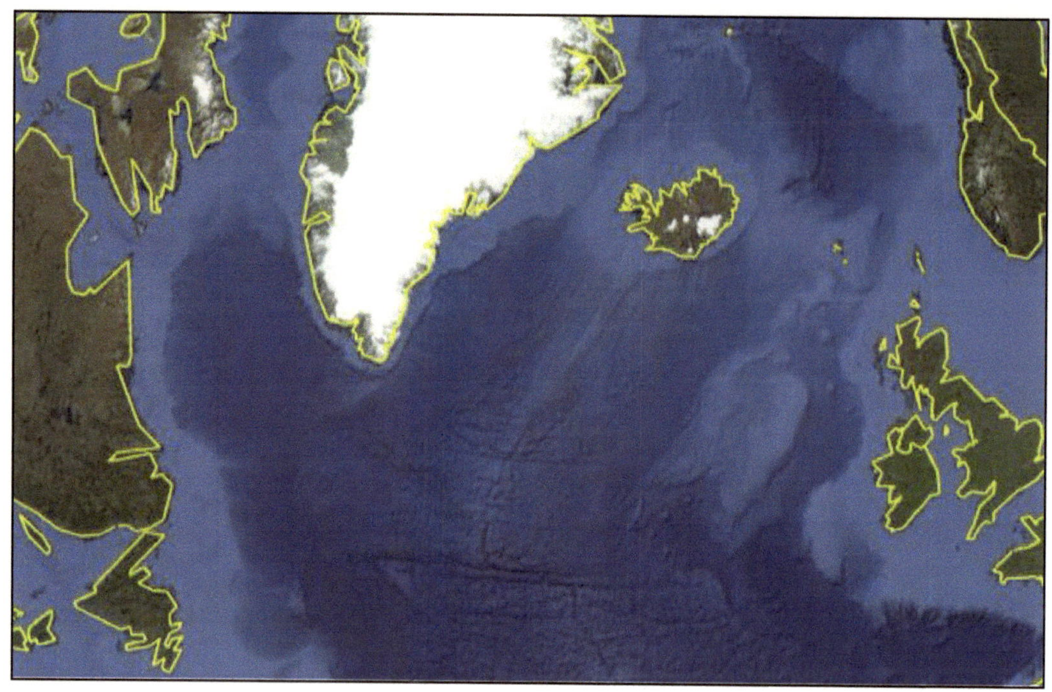

Opgave 35: Tømmer til nordboerne

Historisk problemstilling

- *Grønlands Historie*: Vinlandrejserne

- Hvorfor var det så vigtigt for nordboerne, at de opdagede Amerika?

Opgave 36: Klinkbygget

Teknisk indsigt

Problemstilling og løsningsforslag

- *Grønlands Historie*: De sejlende bønder

- Hvad betyder det, at et skib er klinkbygget?

- Illustrer princippet med en tegning

- Hvorfor er det hensigtsmæssigt at klinkbygge et skib?

Opgaver 37: Vikingernes skibe

Teknisk indsigt

Indlevelse og perspektivovertagelse

- *Grønlands Historie*: De sejlende bønder
- Lær om vikingernes skibe, hvordan de sejlede dem, hvordan de navigerede over åbent hav og meget mere på www.vikingeskibsmuseet.dk. Her finder du også en række spændende opgaver, der kan være med til at gøre dig bedre kendt med hele deres maritime verden.

Opgave 38: Lav tegninger, der…

Teknisk forståelse

Problemstilling og løsningsforslag

- *Grønlands Historie*: De sejlende bønder
- Lav en tegning, der…
- …viser sammenhængen mellem solhøjde og breddegrad
- …viser sammenhængen mellem sejlretning og solopgang og solnedgang

Opgave 39: Stjernekort

Modellering

Problemstilling og løsningsforslag

- *Grønlands Historie*: De sejlende bønder
- Tegn et stjernekort, der viser hvordan man finder Nordstjernen, og hvordan man fra den finder nord nede ved horisonten.

Opgave 40: Greenwich

Det lokale, regionale og globale

- *Grønlands Historie*: De sejlende bønder
- Hvorfor skal man måle tidspunktet for solhøjden i forhold til Greenwich i London?

Opgave 41: Længdegrader

Teknisk indsigt

Problemstilling og løsningsforslag

* *Grønlands Historie*: De sejlende bønder

* Lav en tegning, der viser princippet i at finde længdegraden ud fra middagssolhøjden og tidsforskydningen i forhold til Greenwich.

Opgave 42: Solhøjde

Teknisk indsigt

Modellering

Problemstilling og løsningsforslag

* *Grønlands Historie*: De sejlende bønder

* Lav et instrument, der kan måle solhøjden. Forestil dig, at du skal bruge instrumentet på en knarre en dag med 3-4 meter høje bølger, hvor du har svært ved at se en horisont!

Opgave 43: De grønlandske farvande

Omverdensforståelse

* *Grønlands Historie*: De sejlende bønder

* Indtegn samspillet mellem storis, vandrende lavtryk i Danmarkstrædet og højtryk over Indlandsisen på et kort.

Opgave 44: Skt. Nikolaus

Faktuel viden

Historisk tænkemåde og perspektivovertagelse

* *Grønlands Historie*: Kirken i det norrøne Grønland

* Hvem var Skt. Nikolaus? Hvorfor er kirken viet til ham?

Opgave 45: Model af Hvalsey Kirke

Modellering

Perspektivovertagelse

* *Grønlands Historie*: Kirken i det norrøne Grønland

- Byg en model af kirken i Hvalsey. Anvend arkæologernes opmåling og plantegninger samt tegningen af kirken i tegneserien *Arret*. Lav eventuelt modellen uden tag, eller med aftageligt tag, så man kan se ind i den.

- Tegn, farvelæg og klip figurer ud, der deltager i en gudstjeneste – præsten, måske brudeparret fra brylluppet i 1408, egnens bønder med koner og børn. Inspiration kan hentes fra figurerne i *Arret*.

Opgave 46: Diaspora

Begrebsafklaring

- *Grønlands Historie*: Levevis

- Hvad betyder *diaspora*? Drøft om det er berettiget at kalde den norrøne ekspansion for en diaspora.

- Hvor finder vi ellers diasporaer op igennem historien?

Opgave 47: Centralgård

Modellering

Perspektivovertagelse

- *Grønlands Historie*: Levevis

- Lav en model af en centralgård, og forklar hvorfor den er så praktisk for nordboerne

Opgave 48: Fønvinde

Naturgeografisk kontekst

- *Grønlands Historie*: Levevis

- Tegn og forklar princippet i en fønvind: Hvorfor kan den giver så store temperaturstigninger?

Opgave 49: Inuits jagtteknikker – 1

Historisk problemstilling og løsningsforslag

- *Grønlands Historie*: Levevis

- Drøft hvorfor nordboerne aldrig lærte sig Inuits jagtteknikker.

Opgave 50: Opstadsvæv

Eksperimentel arkæologi

- *Grønlands Historie*: Levevis

- Få skolens sløjd- og tekstillærere til at hjælpe jeg med at bygge og op-sætte en opstadsvæv, og demonstrer hvordan væven fungerer.

Opgave 51: At valke uld

Eksperimentel arkæologi

- *Grønlands Historie*: Levevis

- Prøv at valke et uldklæde (det skal være uld!) ved at slå på det, når det er vådt. Derved filtres trådene sammen og danner et næsten vandtæt stof.

Opgave 52: Ændrede spisevaner

Historisk scenarie

- *Grønlands Historie*: Levevis

- Hvorfor ændrede nordboerne spisevaner så markant i løbet af 4-500 år?

- Hvorfor ligger biskoppen lavere på Y-aksen end de to andre personer fra Gardar?

Opgave 53: Fysisk eller åndelig overlevelse?

Historisk scenarie

- *Grønlands Historie*: Levevis

- Drøft, i en afvejning af åndelig overlevelse contra fysisk overlevelse, det hensigtsmæssige i at bruge ressourcer på luksusvarer til kirkerne i stedet for til livsnødvendige ting såsom jern til redskaber og træ til reparation af skibe.

Opgave 54: Nordbosamfundets hierarkiske struktur

Historisk bevidsthed

- *Grønlands Historie*: Levevis
- Lav en tegning eller et skema, der viser og forklarer det fuldt udviklede hierarki i den sene nordbotid. Drøft fordele og ulemper ved en sådan samfundsstruktur. Sammenlign med dagens samfund.

Opgave 55: Årsrytme

Konstruktion og historisk fortælling

- *Grønlands Historie*: Levevis
- Konstruer en model for årsrytmen, der både illustrerer arbejdsopgaver, opgavernes geografiske placeringer og arbejdsopgavernes omfang.
- Anvend modellen på årsrytmen for både de tidlige nordboere og for de sene.
- Beskriv forskellen mellem de to tidsperioder og hvilken betydningen den kan have haft for deres (manglende) evne til at overleve.

Opgave 56: Kvinders og mænds arbejdsopgaver

Historiske scenarier

- *Grønlands Historie*: Levevis
- Lav en liste over kvinde- og mandsarbejde
- Hvad fortæller den liste dig?
- Hvordan vil listen se ud, hvis du skulle lave den for din familie? – for Danmark generelt?

Opgave 57: Gangdag

Problemstilling og løsningsforslag

- *Grønlands Historie*: Nordrsétur

- Hvad siger det om nordbo-samfundet, at gangdage og andre hellig-dage var vigtige at afholde?

Opgave 58: Inuitisk jagtteknik – 2

Problemstilling og løsningsforslag

- *Grønlands Historie*: Nordrsétur

- Hvordan kunne Inuits jagtteknikker have hjulpet nordboerne i Grøn-land?

Opgave 59: Grønlands nyere statsretlig stilling

Kronologi, brud og kontinuitet

Principper for overblik

- *Grønlands Historie*: Grønlands statsretslige stilling

- Fortsæt den forfatningsmæssige liste frem til i dag. Hvilke yderligere punkter skal der tilføjes?

Opgave 60: De Syv Dødssynder

Sprog og skiftkultur

- *Grønlands Historie*: Den norrøne død

- I *Grønlands Historie* nævnes De Syv Dødssynder. Hvad er det, og hvad betyder de for nordboerne?

Opgave 61: Flygtninge dengang og nu

Historisk bevidsthed

- *Grønlands Historie*: Den norrøne død

- Sammenlign flytningerne internt i Østerbygden med nutidens flygt-
  ninge fra Afrika mod Europa – er der forskelle og/eller ligheder i de
  flygtendes begrundelser for at forflytte sig?

Opgave 62: Skrællingernes overfald

Historisk bevidsthed

- *Grønlands Historie*: Den norrøne død
- Antager vi at der har boet 2000 mennesker i Østerbygden på tidspunk-
  tet for skrællingernes overfald, hvor stor en andel, i procenter, af den
  mandlige befolkning blev så dræbt i angrebet?
- Omsæt tallet til dagens Danmark – hvor mange voksne mænd vil der
  så være tale om?

Opgave 63: Hvem ejer landet?

Kronologi og sammenhænge og Historiske problemstillinger

Kristendomskundskab: Etik

- *Grønlands Historie*: Den norrøne død
- Da Inuit bosatte sig ned ad Vestkysten og i Sydgrønland, boede der
  allerede mennesker der – nordboerne. Man kan derfor spørge, hvem
  landet egentlig tilhørte:
- Tilhørte landet nordboerne, fordi *de kom først* – eller i hvert fald kom
  til et menneisketomt land, som de tog i besiddelse og senere lagde un-
  der den norske konge?
- Tilhørte landet Inuit, der med den robuste arktiske jægerkultur var
  meget bedre egnede til et liv i Grønland – giver *survival of the fittest* ret-
  ten til landet?
- Tilhørte landet naturen selv? *Naturen er kulturens bolig.* Naturen er jo
  ligeglad med hvem der bor i den, og kun de der mestrer dens udfor-
  dringer, får lov at leve der igennem længere tid?
- Argumentér for og imod alle tre svarmuligheder, prioriter dem og be-
  grund hvorfor du finder én svarmulighed bedre end de andre.

Opgave 64: Overlevelsesspil

Problemstillinger og løsningsforslag

- *Grønlands Historie*: Den norrøne død

- Lav et spil – Matador- eller strategispil – over nordboernes død. Kan du i spillet få dem til at overleve?

Opgave 65: Turistrejse til Sydgrønland

Historisk scenarie

- *Grønlands Historie*: Den norrøne død

- Forestil dig, at du og din familie gerne vil på sommerferie i Sydgrønland og opleve de gamle nordbosteder. Planlæg rejsen og beregn dens pris:
  - Fly fra Danmark til Grønland og retur
  - Rundrejse i Sydgrønland – med båd og/eller helikopter
  - Overnatninger og bespisning

MELLEMPERIODEN

I tiden mellem nordboernes forsvinden og Hans Egedes genkolonisering var Grønland tilsyneladende overladt til Inuit. Men Grønland var ikke glemt i København, og med års mellemrum var der endda europæiske skibe, der anløb de grønlandske kyster.

Så den dansk-norske konge anså stadig Grønland som en del af riget.

Opgave 66: Interessen for Grønland
Sprog og skriftsprog
Konstruktion og historiske fortællinger

- *Grønlands Historie*: Mellemperioden
- Efter ekspeditionerne til Grønland i 1605, 1606 og 1607 skriver Lyschander et digt om Danmark-Norges interesse for Grønland:

> Och Grønland som Fordum er gangen hæn
> Och langtid ligget i Duale
> Det kand nu komme for Dagen igæn
> Och føris huerr Mand paa Tale.
> Och fræmmed' omliggendis Riger oc Land
> Kand spøre oc faa at vide
> At Grønland haffuer været i hæffd oc Hand
> Vnder Norrig aff Arildtz tide.
> …
> Ey lade sig røre aff Værdens Goess
> Om det er dær ringe på Fære
> Mæn tæncke dens Skatt dær følger hoess
> Mangis Salighed oc GUDS Ære

- Oversæt digtet til nutidsdansk.
- Hvad handler det om?

- Hvordan understøtter første del påstanden i *Grønlands Historie* om den fortsatte dansk-norske interesse for Grønland?
- De ovennævnte ekspeditioner fandt ikke de store mineralske forekomster, som kong Christian IV havde håbet på og drømt om. Hvordan kan andel del læses som en kommentar til det?

KOLONITIDEN

Med Hans Egedes etablering af en missions- og handelsstation i 1721 kom der igen dansk-norsk bosættelse i Grønland. Hans Egede indledte således kolonitiden – selvom selve kolonibegrebet er til diskussion. Kolonitiden gennemløber flere faser drevet af tilsvarende forskellige interesser fra dansk side.

Opgave 67: Afstraffelse

Historiebrug

- *Grønlands Historie*: Hans Egede
- Hvordan harmonerer Hans Egedes brug af korporlig straf med samtidens holdning i Danmark?
- Hvordan harmonerer Hans Egedes brug af korporlig straf med samtidens holdning i Grønland?

Opgave 68: Hans Egede

Kildearbejde og Historiebrug

- *Grønlands Historie*: Hans Egede
- I *Grønlands Historie* er der tre citater, der alle omhandler Hans Egedes missionsvirksomhed. Citaterne stammer fra henholdsvis Thorkild Kjærgaard, Simon Mølholm Olsen og Makka Kleist
- Hvilke argumenter for og imod de tre udsagn om sprog, vold og tvangskristning kan du finde? Stil dem op overfor hinanden. Hvordan vil du vægte dem?
- Når Hans Egede kalder grønlænderne for 'de vilde', hvad mener han så med det? Er det udtryk for en nedladende og racistisk opfattelse?

Opgave 69: Divide et impera
Historiebrug

- *Grønlands Historie*: Kolonistyrets udvikling
- Allerede det gamle romerske imperium havde en strategi for administration af store landområder og mange forskellige folkeslag: *Divide et impera* kaldte de det på latin, eller 'del-og-hersk'. Ved at adskille og sætte befolkningsgrupper op imod hinanden, undgik man at grupperne slog sig sammen og gik til fælles kamp mod imperiet.
- Ser du i historien en dansk strategi i Grønland, der kan minde om den gamle romerske?
- Hvis ja, hvorfor tror du danskerne valgte at benytte den?

Opgave 70: Humanisme contra paternalisme
Kildearbejde

- *Grønlands Historie*: Kolonistyrets udvikling
- Beskriv de to begreber humanisme og paternalisme.
- Hvilket af begreberne passer bedst på den danske koloniale praksis i Grønland? Begrund dit svar.

Opgave 71: Svag karakter?
Historiske scenarier

- *Grønlands Historie*: Kolonistyrets udvikling
- Beskriv ud fra Gardes og Bings fortællinger af henholdsvis grønlænderne og læsøboerne de to gruppers adfærd, og overvej begrundelserne for denne adfærd.
- Gardes beskrivelse af grønlænderne – og andre lignende beskrivelser – bliver af mange i dag anset for racistiske, eller i hvert fald 'raciale'. Gælder det samme så også for Bings beskrivelse af læsøboerne?

Opgave 72: Freden i Kiel
Historiebrug

- *Grønlands Historie*: Kolonistyrets udvikling
- Opstil dine egne vurderinger, for-og-imod, for hver af de tre begrundelser for udfaldet af Kieler-freden.
- Hvilken forklaring mener du, der har mest på sig?

Opgave 73: Rinks spørgsmål

Historiebrug

- *Grønlands Historie*: Kolonistyrets udvikling
- I *Grønlands Historie* citeres Heinrich Rink for følgende spørgsmål:
- Hvorfor er grønlænderne tilsyneladende så opgivende? Sådan kan de ikke have været før i tiden, for så havde de ikke overlevet flere tusinde år i Arktis.
- Hvorfor gælder lovgivningen kun danskerne i Grønland, mens grønlænderne lever uden lovgivning, og derfor overladt til sig selv?
- Hvorfor har missionen lige siden Hans Egedes tid reageret så voldsomt og brutalt imod det traditionelle grønlandske samfund og de angakkoqqer, der vejledte befolkningen og styrede dens levevis – uden at sætte noget i stedet for?
- Giv dine egne bud på baggrunden for og mulige løsninger på den elendighed Rink beskriver med sine spørgsmål.

Opgave 74: Atuagagdliutit

Historiebrug

- *Grønlands Historie*: Kolonistyrets udvikling
- Find på nettet eller bestil på biblioteket nogle af de ældste numre af Atuagagdliutit. Selvom du ikke kan læse dem, kan du måske alligevel fornemme noget af indholdet.
- Lav en liste om behandlede emner.
- Hvad har avisen betydet for den grønlandske befolkning?

Opgave 75: Social elendighed

Historiebrug

- *Grønlands Historie*: Levevilkår sidst i 1800-tallet

- Blandt andet Fridtjof Nansen beskriver den rystende elendighed blandt den fattige befolkning på vestkysten.

- Hvorfor tager man sig ikke indenfor den grønlandske befolkning af enkerne og de forældreløse børn?

Opgave 76. Suverænitet i dag

Konstruktion og historiske fortællinger

- *Grønlands Historie*: Striden med Norge

- Der er næppe andre lande, man i dag kan forestille sig okkupere dele af Grønland. Er der andre, mere fredelige måder, hvorpå man kan opnå indflydelse over et andet land?

- Andre steder i verden bruges investeringer i infrastruktur og råstofudvinding som midler til at opnå indflydelse over andre lande. Er det noget, der kan ske i Grønland?

Opgave 77: Danmark som kolonimagt?

Historiebrug

- *Grønlands Historie*: Var Grønland en koloni?

- Overvej på baggrund af koloni- og missionshistorien, om Danmark skal betegnes som en kolonimagt i forhold til Grønland. Begrund dit valg.

ØSTGRØNLAND

Udforskningen af Østgrønland bør vies en særlig interesse, især fordi dens historie ikke er særlig gammel og vi derfor har gode kilder derfra. Samtidig bevæger udforskningen af landet sig fra den første rudimentære kortlægning til den kommercielle brug af landets ressourcer.

Nordøstgrønland er desuden eksemplarisk som historisk-geografisk felt. Oversigten er tydelig, for begivenhederne finder stort set sted op og ned ad en enkel kystlinje og omhandler et meget begrænset antal mennesker. Samtidig er der hele tiden overlap mellem begivenheder og handlinger, der afledes af andre, forudgående handlinger. Begreberne kronologi, brud og kontinuitet bliver på den måde meget synlige. Det samme gør de mange tangenter man kan bevæge sig ud ad, og fra hvilke man kan knytte an til andre af skolens fagområder.

Opgave 78: Umiaq
Praktisk historiebrug

- *Grønlands Historie*: Sydøstgrønland

- En *umiaq* er en robåd med et skelet af træ og beklædt med skind. Den er meget let og meget rummelig, og det mest velegnede fartøj til rejser i isfyldt farvand. Umiaq'ens mål er:

- Længde: 32 fod
- Bredde foroven: 5,25 fod
- Bredde forneden: 3,5 fod

- Omregn målene til meter.

- Lav en model af en umiaq. Brug karton, pap eller træ efter eget valg.

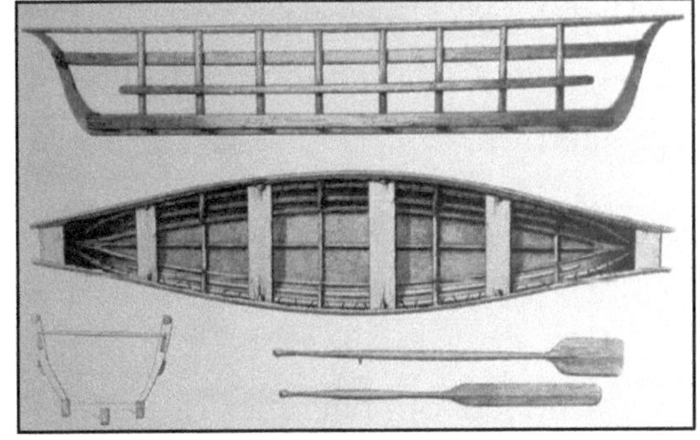

- Hvorfor er der den nævnte arbejdsdeling mellem kvinder i mænd?

Opgave 79: Hvem opdager hvem?

Historiebrug

Samfundsfag: Kultur

- *Grønlands Historie*: Sydøstgrønland
- Flere af de østgrønlændere som Holm møder, er på vej til Sydgrønland for at opleve kolonierne dernede, mens Holm er på vej nordover for at opleve Inuit ved Ammassalik.
- Kan man sige, at begge grupper er på opdagelsesrejse?
- Hvad driver de to gruppers nysgerrighed?

Opgave 80: Det ældste kort over Østgrønland op til Ammassalik

Kildearbejde

- *Grønlands Historie*: Sydøstgrønland
- Ved Tingmiarmiut tegner Amagainak et kort for Gustav Holm over den videre rejse op til Ammassalik. Det er således det første kort over strækningen.
- Sammelign Amagainaks kort med et moderne kort.
- Hvilke ligheder og forskelle kan du finde?
- Er der bestemte ting i landskabet, der er vigtige for Amagainak at fremhæve?

Opgave 81: Gustav Holms overvintringshus

Praktisk historebrug

- *Grønlands Historie*: Sydøstgrøn-land
- Omregn målene, der er i fod, til meter
- Lav en model af huset. Anvend karton, pap eller træ efter eget valg

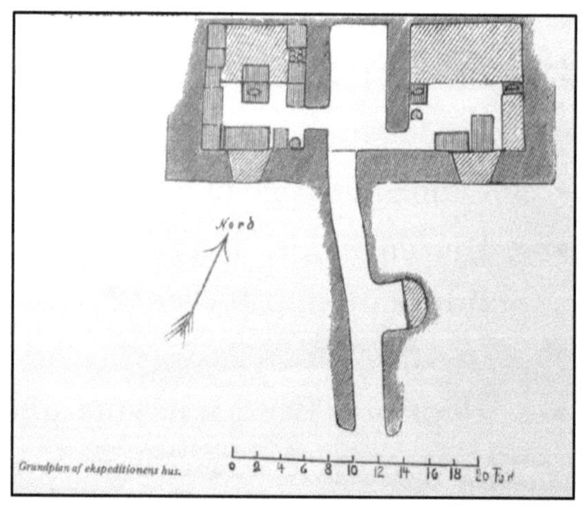

- Holm beklager sig over det dårlige indeklima. Hvilke sygdomme kan det afstedkomme?

Opgave 82: Hvem ejer landet?

Historiebrug

Samfundsfag: Kultur

- *Grønlands Historie*: Sydøstgrønland

- Holm skriver: *Den 20de september besteg vi en 1550 fod høj fjeldtop på en ø, der lå på den østlige side af Sermiligak-fjorden. Herfra toges landet i besiddelse i Kongen af Danmarks navn og kaldtes: Kong Christian den Niendes Land.*

- Kan man bare tage et land, hvor der har boet mennesker i flere hundrede år, i besiddelse?

- Når Inuit i deres kultur ikke har et begreb om ejerskab til landet, kan man så alligevel påstå, at de har rettigheder til det?

Opgave 83: Nansens rute i storisen

Historiebrug

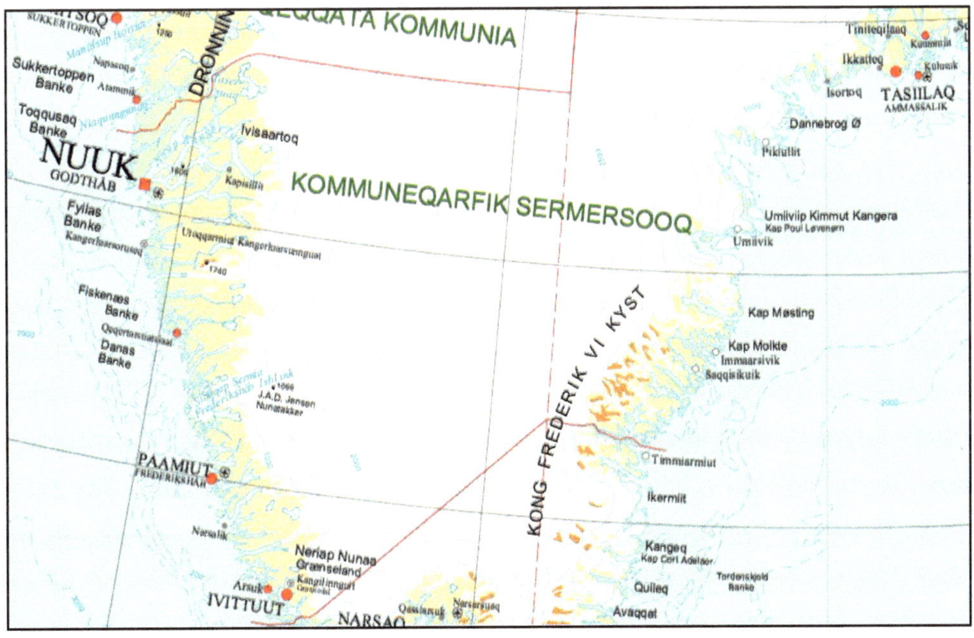

- *Grønlands Historie*: Sydøstgrønland

- Indtegn på et kort Nansens rute med datoer, sådan som den er beskrevet i teksten.

- Hvad fortæller ruten om storisen og mulighederne for at rejse langs Østgrønlands sydlige kyst?

Opgave 84: De amerikanske baser

Historiebrug

- *Grønlands Historie*: Sydøstgrønland og Anden Verdenskrig

- Under Anden Verdenskrig anlagde amerikanerne en lufthavn i Ikateq, under navnet *Bluie East 2*. Da amerikanerne forlod lufthavnen efter krigen, ryddede de ikke op efter sig. Diskussionen går i dag på, om der skal ryddes op, eller om efterladenskaberne faktisk er mindesmærker over Grønlands bidrag til krigen mod nazismen.

- Hvad mener du om den ting?

Opgave 85: Koloniens filosofi

Historiebrug

- *Grønlands Historie*: Kolonien Ammassalik

- Beskriv med egne ord målsætning for kolonien Ammassaliks virksomhed, blandt andet begrundelserne for den begrænsede handel.

Opgave 86: Befolkningstilvæksten

Historebrug

Samfundsfag: Statistik

- *Grønlands Historie*: Kolonien Ammassalik

- Skriv årstal og befolkningstal ind i et Excel-ark og dan et søjlediagram med årstallene ud ad X-aksen og befolkningstallene op ad Y-aksen.

- Hvor stor betydning har flytningen af 82 personer fra Ammassalik til Scoresbysund i 1925 haft for befolkningsudviklingen?

Opgave 87: Naturaliehusholdning

Historiebrug

Samfundsfag: Statistik

- *Grønlands Historie*: Kolonien Ammassalik
- Naturaliehusholdning er et begreb for en produktion, hvor man selv lever af det man producerer – eller for den del af en families produktion, der ikke sælges.
- Skriv tabellen over 'sælprodukter til eget brug' ind i et Excel-ark og dan et søjlediagram, der for hver 5-årsperiode viser produktionen af kød, spæk og skind per person
- Hvordan hænger disse tal/søjler sammen med flytningen af en stor gruppe mennesker til Scoresbysund i 1925?

Opgave 88: Center-periferi modellen

Historiebrug

Samfundsfag: Kultur

- *Grønlands Historie*: Kolonien Ammassalik og Teori I: Center-periferi modellen
- I *Grønlands Historie* beskrives 'centrer-periferi modellen'.
- Lav en tegning, der illustrerer og forklarer princippet og hvad det betød for forholdet mellem den almindelige østgrønlænder i Ammassalik, Vestgrønland og Danmark.

Opgave 89. Vandringsveje

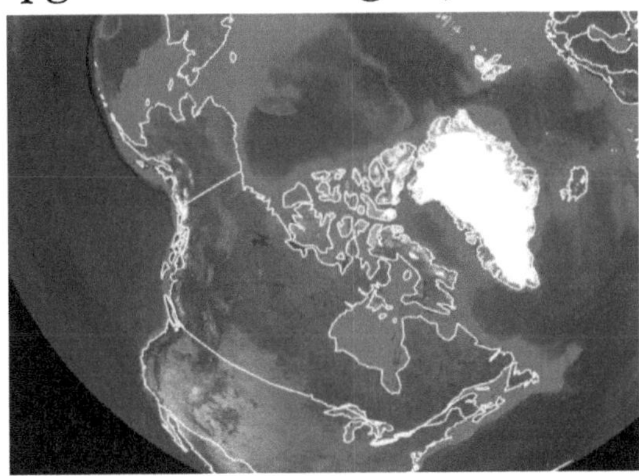

Principper for overblik

- *Grønlands Historie*: Nordøstgrønland
- På et landkort skal du indtegne de veje Independence-, Tunit- og Thule-folkene har vandret for at nå til Nordøstgrønland.

- Hvor lang tid tror du, disse rejser har taget?

Opgave 90. Spørgsmål til Claverings tekst

Kildeanalyse

Sprog og skriftsprog

- *Grønlands Historie*: Nordøstgrønland

- Hvordan skriver Clavering om Thule-folkene?

- Med respekt?

- Med fordomme?

- Rent beskrivende?

- Hvorfor tror du, det er sådan?

Opgave 91. William Scoresby's stednavne

Konstruktion og historiske fortællinger

- *Grønlands Historie*: Nordøstgrønland

- Mange af de navne William Scoresby gav til fjorde, bugter, øer og fremspring bruges endnu i dag:

Constable Pynt

Hurry Fjord

Jameson Land

Kap Hope

Kap Stewart

Kap Swainson

Kap Tobin

Liverpool Land

Neill Klinter

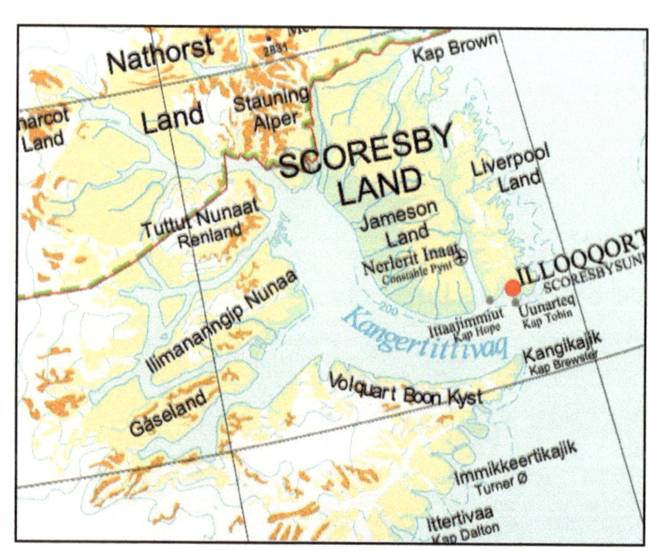

- Find og marker dem på et kort

Opgave 92. Douglas Claverings's stednavne

Konstruktion og historiske fortællinger

- *Grønlands Historie*: Nordøstgrønland

- Clavering gav mange steder skotske navne, som endnu bruges i dag, f.eks.:

Bass Rock

Haystack

Jordanhill

Kap Borlasse Warren

Kap Broer Ruys

Kap Desbrove

Kap Philip Broke

Kap Wynn

Loch Fyne

Pendulum Øer

- Find og marker dem på et kort

Opgave 93. Den første kortlægning af Nordøstgrønland

Kronologi, brud og kontinuitet

Principper for overblik

- *Grønlands Historie*: Nordøstgrønland

- Indtegn på et kort over Nordøstgrønland de forskellige udforskninger og kortlægninger af landet.

- Giv hver kortlægning sin egen farve og skriv de aktuelle årstal ud for de områder, der blev kortlagt.

- Markér de stednavne, der nævnes i teksten.

- Hvorfor tager det så lang tid at kortlægge hele kysten?

- Hvorfor dækker hver enkelt kortlægning kun en begrænset del af kysten?

- Hvilken interesse kan de forskellige lande have i at kortlægge kysten?

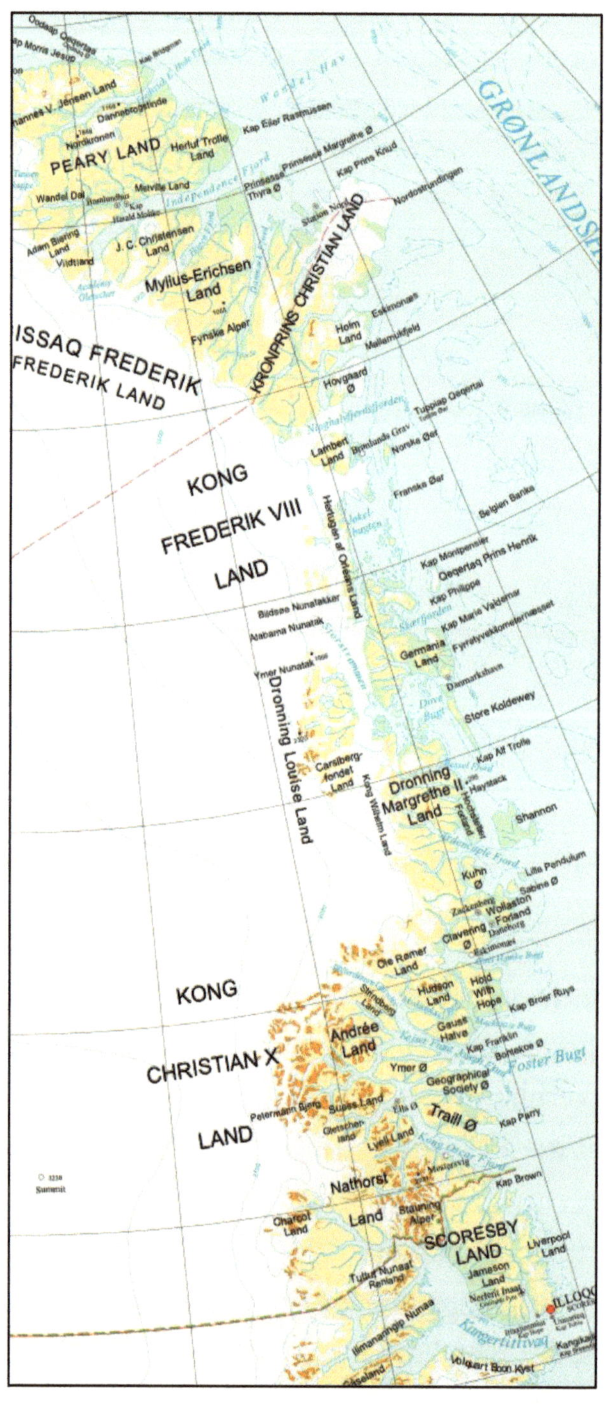

Opgave 94. Kunstmaler på ekspedition?

Kildeanalyse

Sprog og skriftsprog

- *Grønlands Historie*: 1906-08: Danmark-ekspeditionen
- Hvorfor var det vigtigt at have en kunstmaler, tegner og forfatter som Achton Friis med på en ekspedition til ukendt land?

Opgave 95. Varde-beretninger

Kildeanalyse

- *Grønlands Historie*: 1906-08: Danmark-ekspeditionen
- Hvorfor lægger arktiske ekspeditioner breve og beretninger i store varder, som de bygger på synlige steder langs de kyster de berejser?
- Hvor troværdige er vardeberetninger?

Opgave 96. Mørketid

Principper for overblik

Geografi: Undersøgelse

- *Grønlands Historie*: 1906-08: Danmark-ekspeditionen
- Hvorfor er der langt mod nord en periode hver vinter, hvor solen ikke kommer over horisonten?
- Hvilken sammenhæng er der mellem datoen for solens forsvinden og breddegraden man er på?

Opgave 97. Brønlunds dagbog

Kildekritik

- *Grønlands Historie*: 1906-08: Danmark-ekspeditionen
- Hvordan kan man forstå det Jørgen Brønlund skriver?
- Han er grønlandsk-talende og -skrivende, så måske udtrykker han sig ikke helt entydigt?

Opgave 98: Brev fra Ejnar Mikkelsen

Historiebrug

- *Grønlands Historie*: 1909-11: Alabama-ekspeditionen

- Forestil dig, at du er Ejnar Mikkelsen. Vinterisen er ved at lægge sig, og du ved nu, at du og Ivar Iversen skal have en tredje overvintring i Nordøstgrønland.

- Skriv et brev til familien derhjemme om hvordan du har det. Du kan selvfølgelig ikke sende brevet, men det kan ligge i hytten, så hvis du dør kan andre finde det.

Opgave 99: De store slæderejser

Principper for overblik

Geografi: Undersøgelse

- *Grønlands Historie*: De store slædeekspeditioner

- Indtegn på nedenstående kort rejseruterne for henholdsvis Mylius-Erichsens, Ejnar Mikkelsens og Knud Rasmussens slæderejser.

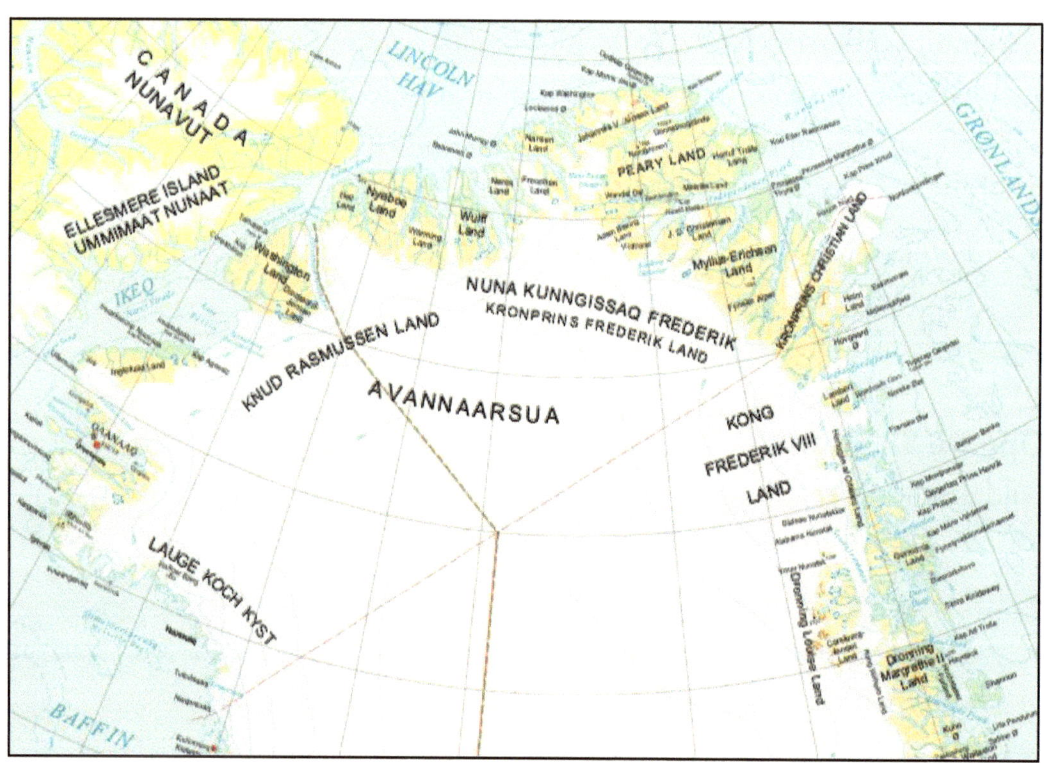

Opgave 100. Fangst for pelsens skyld

Historiske problemstillinger og løsningsfor-
slag

- *Grønlands Historie*: Fangstmandsperio-
  den og Hjemmestyre

- Drøft i en gruppe eller i klassen for-
  skelle og ligheder mellem Inuits tradi-
  tionelle fangst af sæl og isbjørn,
  fangstmændenes jagt på ræv og land-
  mænds opdræt af mink.

- Er den ene form for brug af dyrene
  'bedre' eller mere forsvarlig end en an-
  den brug?

- Kunne du selv tænke dig at gå med
  tøj lavet af sæl, isbjørn, ræv eller mink?

*Forfatteren i isbjørnebukser
og sælskindskamikker,
Qaanaaq*

Opgave 101: Jagt-etik

Historiebrug

- *Grønlands Historie*: Fangstmandsperioden

- Overvej hvor dine grænser går i forhold til følgende sæt af udsagn:

1. Det er aldrig i orden at drive jagt og fangst af vilde dyr i naturen

2. Det er i orden at drive jagt og fangst af vilde dyr i naturen, når det er
   som led i oprindelige folks traditionelle kultur

3. Det er i orden at drive jagt og fangst af vilde dyr i naturen, uanset
   hvem der gør det

4. Når man driver jagt og fangst af vilde dyr i naturen, bør man anvende
   hele dyret til tøj, mad osv.

5. Når man driver jagt og fangst af vilde dyr i naturen, er det i orden kun
   at anvende *dele* af dyret

6. Når man driver jagt og fangst af vilde dyr i naturen, er det i orden at
   gøre det fornøjelsens skyld uden at anvende det til noget, for eksempel
   i trofæ-jagt

7. Trofæ-jagt på naturens vilde dyr er aldrig i orden

8.	Trofæ-jagt på naturens vilde dyr er i orden, når det sker på oprindelige folks betingelser og sådan, at de tjener penge på det

9.	Trofæ-jagt på naturens vilde dyr er i orden, uanset omstændighederne

Opgave 102. Hævd

Sprog og skriftsprog

- *Grønlands Historie*: Fangstmandsperioden

- Hvad betyder det at have hævd til noget – et landområde for eksempel?

Opgave 103. Statistik

Historiske scenarier

- *Grønlands Historie*: Fangstmandsperioden

- I Peter Schmidt Mikkelsens *Nordøstgrønland 1908-60* finder du oversigter over antal fangstmænd pr. år, den samlede fangst af ræv og gennemsnitsfangst pr. fangstmand.

- Hvorfor har nordmændene en meget bedre fangst i forhold til danskerne?

- Kan du i et regneark lave forskellige diagrammer, der illustrere fangsten, f.eks.:

- Pr. år for henholdsvis norske og danske fangstmænd

- Gennemsnitlig fangst per fangstmand, for henholdsvise danske og norske fangstmænd

- Overvej om indsatsen var økonomisk bæredygtig.

- Hvilke andre grunde end de økonomiske, kunne der være for at opretholde fangstvirksomheden?

Opgave 104. Pia Arke: Scoresbysundhistorier

Historiske problemstillinger og løsningsforslag

- *Grønlands Historie*: Anlæggelsen af Scoresbysund

- Pia Arke skriver: *Det mærkelige er jo, at der ikke var nogen, der sagde tak til grønlænderne.*

- Hvorfor, tror du, at ingen sagde grønlænderne tak?

Opgave 105. Hilmas dagbog

Historiske scenarier

- *Grønlands Historie:* Anlæggelsen af Scoresbysund

- Hilma var gift med Charles Hansen – den tømrer, der byggede kirken i Scoresbysund. I vinteren 1931-32 var Hilma med Charles i Scoresbysund, hvor han opførte et hus til en kommende, stor fransk ekspedition. Hun skrev dagbog under opholdet. Dagbogen er desværre ikke offentlig tilgængelig, men cirkulerer som kopi i Ittoqqortoormiit. Læs Hilmas lille beskrivelse af det 'grønlænderhus' hun og Charles boede i.

- Forestil dig, at du i dag skal overvintre i Arktis i sådan et lille hus. Beskriv huset, dine oplevelser af det og dine forventninger til vinteren i et brev til en ven eller veninde hjemme i Danmark.

KRIG OG NYORDNING

Anden Verdenskrig betød for Grønland 'fronter' på to hold, dels administration og forsyning af landet, dels kampene om vejrstationerne i Nordøstgrønland.

Første del handler derfor om diplomati, forhandlinger og forretningsfærdigheder – at kunne navigere mellem loyalitet til det besatte Danmark og det først neutrale og siden krigsførende USA.

Anden del handler om 'krigen om vejret'.

Begge dele er historiske scenarier med virkningshistorie langt uden over den grønlandske horisont.

Afslutningen af kolonitiden kommer med Anden Verdenskrig og den cementering af den grønlandske selvbevidsthed og nyorientering – man ville være danske i både lovens ord og i levestandard.

Opgave 106: Administrationen i Grønland

Historiebrug

- *Grønlands Historie*: Anden Verdenskrig

- Hvorfor finder Eske Brun og Aksel Svane det nødvendigt at afbryde forbindelsen til Grønlands Styrelse efter 9. april 1940?

Opgave 107. Henrik Kaufmanns aftale med USA

Kildearbejde

- *Grønlands Historie*: Anden Verdenskrig

- En god aftale mellem to lande er til fordel for dem begge. Hvilke fordele ser du i aftalen mellem Henrik Kaufmann og USA for…
  - …USA
  - …Danmark
  - …Grønland

- Begrund dit svar

Opgave 108: Forsyningen af Grønland

Historiebrug

- *Grønlands Historie*: Anden Verdenskrig
- Hvorfor var det så vigtigt for Eske Brun at sørge for vareforsyningen til Grønland?
- Hvad kunne konsekvenserne af en svigtende vareforsyning have betydet?

Opgave 109. Krigens dagbog vist med kort

Principper for overblik

- *Grønlands Historie*: Krigens dagbog
- Indtegn de forskellige stationer, hytter, positioner og rejseveje, der er nævnt i 'Krigens Dagbog' på et eller flere kort.
- Kan du ved hjælp af kortene beskrive krigens gang i Nordøstgrønland?

Opgave 110. Pelse og private ejendele

Historiske scenarier

- *Grønlands Historie*: Krigens dagbog
- Hvorfor lægger Hermann Ritter danskernes pelse og personlige ejendele til side, så de ikke bliver ødelagt?

Opgave 111. Landsfoged Eske Bruns mindeord

Sprog og skriftsprog

- *Grønlands Historie*: Krigens dagbog
- Landsfoged Eske Brun skriver efter træfningerne i marts 1943 et mindeord i et meget svulstigt sprog.

- Hvorfor er det vigtigt for Eske Brun, overfor både slædepatruljens folk og den grønlandske befolkning i øvrigt, at formulere sig på denne måde?

Opgave 112. Arktisk moralkodeks

Historiske scenarier

- *Grønlands Historie*: Krigens dagbog
- Giv eksempler fra teksten på det, man kan kalder 'arktisk moralkodeks', hvor andres overlevelse altid er i centrum.

Opgave 113: Landsrådenes udtalelse

Kildearbejde

Historiebrug

- *Grønlands Historie*: Efterkrigstiden
- Uddraget af landsrådets udtalelse til statsministeren er skrevet i et temmelig knudret sprog!
- Kan du med egne ord forklare, hvad det er landsrådet siger og mener med sin udtalelse?
- Hvad er baggrunden for de samlede landsråds udtalelse i 1948 til statsminister Hans Hedtoft – udtalelsen går jo imod store dele af danskernes ønske til en Grønlands-politik?
- Hvad blev konsekvenserne af udtalelsen?

Opgave 114: Hvad er Grønlands-kommissionens mål?

Grønlands-kommissionens formål beskriver i én lang sætning kommissionens mål for Grønlands udvikling.

- *Grønlands Historie*: Den store Grønlands-kommission fra 1950
- Gengiv med egne ord kommissionens mål

Opgave 115: Børnedødelighed og middellevetid

Kildearbejde

- *Grønlands Historie*: Nyordning og Grundlovsændring
- Hvad fortæller tallene om børnedødelighed og middellevetid om leve-vilkår i Grønland og Danmark i tiden lige efter Anden Verdenskrig?

Opgave 116: Grundloven

Kildeanalyse

- *Grønlands Historie*: Nyordning og Grundlovsændring
- Hvordan adskiller grundloven af 1953 sig fra den tidligere grundlov i forhold til Grønland?

Opgave 117: Nyordningens resultater og virkningshistorie

Historiebrug

- *Grønlands Historie*: Grønland i 1950-erne
- Hvorfor gav Nyordningen ikke de ønskede resultater op gennem 1950-erne?
- Hvorfor står der i *Grønlands Historie*, at de manglende resultater blev begyndelsen til den grønlandske selvstændighedsbevægelse?

Opgave 118: Thule Air Base

Historiebrug

- *Grønlands Historie*: Flytningen til Qaanaaq
- Hvorfor holder den danske regering så mange forhold omkring Thule Air Base hemmelig for den danske befolkning – selve oprettelsen og anlæggelsen, flytningen af befolkningen til Qaanaaq, a-våben og *counterforce*-strategien?

Opgave 119: Hans Hedtofts forlis

Historiebrug

- *Grønlands Historie*: Hans Hedtofts forlis

- Find ud af hvor og hvorfor det helt nye Grønlands-skib 'Hans Hedtoft' forliste i januar 1959.

54

Opgave 120: Traditionelle og moderne kønsroller
Historiebrug

- *Grønlands Historie*: Teori II: Nationalisme
- Sammenlign Makka Kleists beskrivelse af de moderne kønsroller med Holms og Rüttels beskrivelser fra Ammassalik omkring år 1900.
- Drøft i hvilken grad Kleist har ret i sin beskrivelse.

HJEMMESTYRE

Med Hjemmestyret vendes de foregående 30 års relation mellem Grønland og Danmark 180⁰. Nu er det ikke længere integration og fordanskning, der er i fokus. I stedet kan Hjemmestyret ses som det første skridt hen imod en selvstændiggørelse af det grønlandske folk og samfund, hvor forvaltningsområder flyttes fra Danmark til Grønland. Det betyder, at magt og ansvar også flytter fra København til Nuuk.

Det er samtidig den 'unge garde', der overtager styringen af Grønland. De er progressive og fulde af energi og bevidsthed om dem selv som grønlændere, som Inuit.

Opgave 121: Store og små ressortområder
Principper for overblik samt Historiebrug
Samfundsfag: Politik

* *Grønlands Historie*: Lov om Hjemmestyre

* I *Grønlands Historie* er der en liste over de forvaltningsområder Grønland kunne hjemtage i henhold til Hjemmestyreloven, med angivelse af hvornår de rent faktisk blev hjemtaget.

* Du skal ordne forvaltningsområderne i store og økonomisk tunge områder og mindre og økonomisk mere overkommelige områder.

* Hver af de to grupper skal du rangordne i forhold til deres vigtighed for politikernes mulighed for at påvirke det grønlandske samfund.

* Overvej om der er en sammenhæng mellem de to lister og rækkefølgen af hjemtagne forvaltningsområder. Hvorfor er der (ikke) en sammenhæng?

Opgave 122: Grønlandiseringen af folkeskolen
Historiebrug
Samfundsfag: Kultur

- *Grønlands Historie*: Hjemmestyre

- Hjemmestyret gjorde hurtigt grønlandsk til hovedsproget i folkeskolen og lagde i det hele taget afstand til dansk.

- FN's Børnekonvention slår fast, at børn har ret til at bruge deres modersmål.

- Overvej argumenter for og imod grønlandiseringen af sproget i folkeskolen.

- Arranger evt. en styret dialog i klassen, hvor argumenter for og imod får lov at brydes.

Opgave 123: ICC

Kronologi og sammenhæng

Samfundsfag: Kultur

- *Grønlands Historie*: Hjemmestyre

- Hvorfor var det vigtigt for Inuit fra Grønland, Canada og Alaska (og Sibirien) at finde sammen i en fælles organisation?

SELVSTYRE

Selvstyret er sidste trin på vejen mod endelig selvstændighed. Dels åbner lovgivningen for yderligere forvaltningsområder, der kan hjemtages. Dels anviser den konkrete veje til selvstændighed.

Inden den endegyldige selvstændighed er der dog en række forhold, som de grønlandske politikere og den grønlandske befolkning skal overveje, især omkring sikkerhedspolitik og økonomi.

Derudover melder de sociale problemer sig stærkt i disse år.

Opgave 124. Postkolonialisme

Historiebrug

- *Grønlands Historie*: Teori III: Postkolonialisme

- Giv eksempler på postkoloniale spørgsmål og kritikpunkter, der er fremherskende i Grønland under selvstyret.

Opgave 125: Forsvarslinjer i Arktis

Historiebrug

Samfundsfag: International politik

- *Grønlands Historie*: Sikkerhedspolitik i Arktis

- Se på kort over Arktis i azimutalprojektion (Jorden set ovenfra ned Nordpolen i centrum).

- Indtegn hovedstæderne i Rusland og USA, samt de militære baser i Thule og på Franz Josef Land.

- Forklar hvorfor USA har den geografiske fordel, når det gælder henholdsvis angreb og forsvar med både fly og missiler?

- Forklar Grønlands betydning i den forbindelse.

Opgave 126. Arktis som nyt militært hotspot?

Konstruktion og historiske fortællinger

- *Grønlands Historie*: Sikkerhedspolitik i Arktis

- I mange år har Arktis været et militært lavspændingsområde. Alle lande omkring Arktis har kunnet tale sig til rette om de problemstillinger, der er opstået hen ad vejen. Kan man forvente, at det fortsat vil være sådan i takt med at isen i Polhavet smelter og nye sejlruter nord om kontinenterne åbner?

- Hvordan kan du forestille dig Grønlands og Rigsfællesskabets roller vil være, hvis spændingen i området stiger og vitale interesser står på spil? (søg evt. på 'arktisk strategi' på Udenrigsministeriets hjemmeside – www.um.dk – og på Forsvarsministeriets hjemmeside – www.fmn.dk)

Opgave 127. Den sproglige krænkelse

Historiebrug

Dansk: Sprogforståelse

- *Grønlands Historie*: Kæmpe Eskimo: Den sproglige krænkelse

- Mange ord og begreber, der tidligere var almindeligt brugte, opfattes i dag som krænkende – og nogle var også mente nedsættende, for eksempel 'nigger'.
- Find så mange ord du kan, der i dag opfattes krænkende uden oprindelig at have været det.
- Find så mange ord du kan, der i da opfattes som neutrale, men som måske en dag kan opfattes krænkende.

Opgave 128: Overgreb

Det lokale, regionale og globale

Samfundsfag: Sociale og kulturelle forhold

- *Grønlands Historie*: Nutidens sociale problemer
- Hvad er det konkret børn og unge udsættes for i Tasiilaq?
- Hvorfor sker det?
- Hvorfor handler de voksne på den måde?

Opgave 129: Normalisering af det unormale

Det lokale, regionale og globale

Samfundsfag: Sociale og kulturelle forhold

- *Grønlands Historie*: Nutidens sociale problemer
- Kan man sige, at man har normaliseret det unormale i Tasiilaq?
- Sammenlign med beskrivelserne af omgangsformerne i den oprindelige kultur – hvad er så 'normalt' og 'unormalt'?

Opgave 130: Lov om støtte til børn

Kildearbejde

- *Grønlands Historie*: Nutidens sociale problemer
- Grønland har hjemtaget socialområdet. Det betyder, at det er den grønlandske regering, der gennem lovgivning fastsætter reglerne for området. Læs § 1 i 'Lov om støtte til børn' (Søg på Selvstyrets website: naalakkersuisut.gl)

- I § 1 tales der om 'børns rettigheder'. Den grønlandske institution for børnerettigheder har en website, hvor du kan undersøge, hvad det konkret betyder. Du kan også spille spil, finde rapporter (for eksempel rejserapporten "Pas på mig" fra Tasiilaq) og meget andet. Adressen er: www.mio.gl)

- I hvilken grad synes du, at kommunen lever op til sine pligter i henhold til loven? Begrund dit svar.

Opgave 131: Skærpet indberetningspligt
Kildearbejde

- *Grønlands Historie*: Nutidens sociale problemer

- Læreren i filmen, Rikke Blegvad, siger, at hun som lærer har skærpet indberetningspligt. Paragraf 15 i den grønlandske 'lov om støtte til børn' beskriver indberetningspligt og skærpet indberetningspligt. (Søg på Selvstyrets website: naalakkersuisut.gl)

- Hvad betyder det, at indberetningspligten er skærpet for ansatte i bestemte sektorer? Hvad kan der ske, hvis den skærpede pligt ikke overholdes?

- Hvorfor er det så frustrerende for en lærer som Rikke, når hun ikke oplever, at de sociale myndigheder tager hånd om de problemer, hun indberetter?

Opgave 132: Politikernes reaktioner
Kildearbejde

Samfundsfag: Kultur og Social differentiering

- *Grønlands Historie*: Nutidens sociale problemer

- Undervejs i filmen møder vi to politikere. Det er Justus Hansen, der er lokalpolitiker i Tasiilaq og Martha Lund Olsen, der er direktør for socialområdet i Kommuneqarfik Sermersooq med kontor i Nuuk.

- Beskriv de to politikeres reaktion på henvendelserne i filmen.

- Hvorfor tror du de reagerer så forskelligt?

Opgave 133: Oplysning til børn

Samfundsfag: Formidling

- *Grønlands Historie*: Nutidens sociale problemer
- Lav et oplysningsmateriale til børn, der forklarer dem om deres rettigheder; at de har krav på tryghed og at seksuelle overgreb ikke er i orden og ulovligt. Vælg selv dit medie?

Opgave 134: Det grundlæggende problem

Historiebrug

Samfundsfag: Sociale og kulturelle forhold

- *Grønlands Historie*: Nutidens sociale problemer
- Hvad er de underliggende problemer i samfundet – problemer som selv en god sagsbehandling ikke retter op på?
- Hvordan kan de løses?

Opgave 135: Ikke kun i Grønland

Samfundsfag: Det politiske system, retsstat og rettigheder

- *Grønlands Historie*: Nutidens sociale problemer
- Hvis der var tilsvarende problemer af den ene eller anden art, der hvor du selv bor, hvordan ville du så som barn/skoleelev håndtere det?
- Hvem kan du henvende dig til?

Opgave 136: De mange selvmord

Samfundsfag: Kultur

- *Grønlands Historie*: Nutidens sociale problemer
- Giver filmen svar på, hvorfor så mange unge begår selvmord?

Opgave 137: Regeringens reaktion

Samfundsfag: Det politiske system, retsstat og rettigheder

- *Grønlands Historie*: Nutidens sociale problemer

- I *Grønlands Historie* er gengivet dele af naalakkersuisoq for sociale anliggende, Martha Abelsens reaktion på filmen *Byen hvor børn forsvinder*.
- Hvilke udfordringer peger Martha Abelsen på?
- Hvordan kan problemerne løses.
- Undersøg, for eksempel gennem netavisen sermitsiaq.gl, hvordan situation har været og stadig er i Tasiilaq.

NORDØSTGRØNLAND I DAG

Nordøstgrønland besidder stadig meget af fordums mytologiske og sagn-omspundne aura, blandt andet fordi landet er så afsides beliggende og van-skeligt tilgængeligt. I dag er det meste af Nordøstgrønland udlagt som nati-onalpark underlagt nogle meget grønlandske betingelser, udforskningen af landet går mere i dybden med afgrænsede fokusområder, slædepatruljen opererer stadig med to mand og 13 hunde, og Scoresbysund er blevet til Ittoqqortoormiit.

Opgave 138. Bekendtgørelsen

Sprog og skriftsprog

- *Grønlands Historie*: Nationalparken
- §1: Kan du med egne ord beskrive Nationalparkens formål? Hvad me-ner du, det betyder for menneskelig aktivitet indenfor parkens græn-ser?
- §16: Hvorfor skal man frede varder, vardeberetninger og gamle huse?
- §§21: Hvorfor skal fangerne fra Qaanaaq og Ittoqqortoormiit have særlige rettigheder for adgang til og fangst i Nationalparken?
- §§1 og 25: Er der en modsætning mellem formål, sådan som det er beskrevet i §1, og muligheden for råstofudvinding, sådan som det er beskrevet i §25?

Opgave 139. Hvorfor Biosfære-reservat?

Kildearbejde

- *Grønlands Historie*: Nationalparken
- Forklar og kommenter følgende ord og begreber fra ovenstående tekst:
    o   Sustainable development

o   Interdisciplinær tilgang

o   Ledelsesudfordringer

o   Mødet mellem sociale og økologiske systemer

o   Konfliktforebyggelse

o   Opretholdelses af biodiversitet

Opgave 140. Nationalparken i dag

Sprog og skriftsprog

- *Grønlands Historie*: Nationalparken

- Med hvilken begrundelse har det været nødvendigt for Grønland at udtræde af UNESCO's biosfære-samarbejde?

- Hvordan kan man beskytte natur og kulturminder og på samtidig udnytte områdets råstoffer?

- Hvorfor vejer eventuelle indtægter fra råstofudvinding tungere end naturbeskyttelse?

Opgave 141. Uddannelse til Sirius-patruljen

Historiebrug

- *Grønlands Historie*: Nationalparken

- Frivillige til Sirius-patruljen skal have afsluttet deres værnepligt. Under uddannelsen vil især tilpasningsevne, og mentale og fysiske styrke blive trænet, da det er det absolut stærkeste våben, når man skal leve i Grønlands ødemark.

- Udvælgelsen af personel til Sirius sker gennem omfattende tests af fysik, interesse og motivation, gennem personlige samtale med psykologer og tidligere Sirius-folk og gennem personlighedstests, der måler

- *Emotionelle reaktioner*, dvs. evnen til at håndtere pressede situationer. Som Sirius-mand er man nødt til at kunne forholde sig rolig og nøgternt, selv midt i en hylende snestorm.

- *Ekstroversion* afspejler blandt andet personens sociale behov og evne til at arbejde alene eller i meget små grupper – sådan som virkeligheden er for en Sirius-mand.

- *Åbenhed over for oplevelser.* Måler på skalaen mellem det jordnære og praktiske på den ene side og det drømmende og eksperimenterende på den anden side. I Nordøstgrønland er der næppe brug for drømmere!

- *Venlighed* handler om relationen til andre mennesker – om man er konkurrenceorienteret og selvhævdende eller medgørlig, altruistisk og tillidsvækkende. Det er det sidste, der er brug for hos Sirius.

- *Samvittighedsfuldhed* måler på evnen til at holde fokus på opgaven samt på evnen til at styre og planlægge en opgave.

- Hvordan tror du, at du selv vil ligge på disse fem dimensioner?

- Vil du have en chance for at blive Sirius-mand?

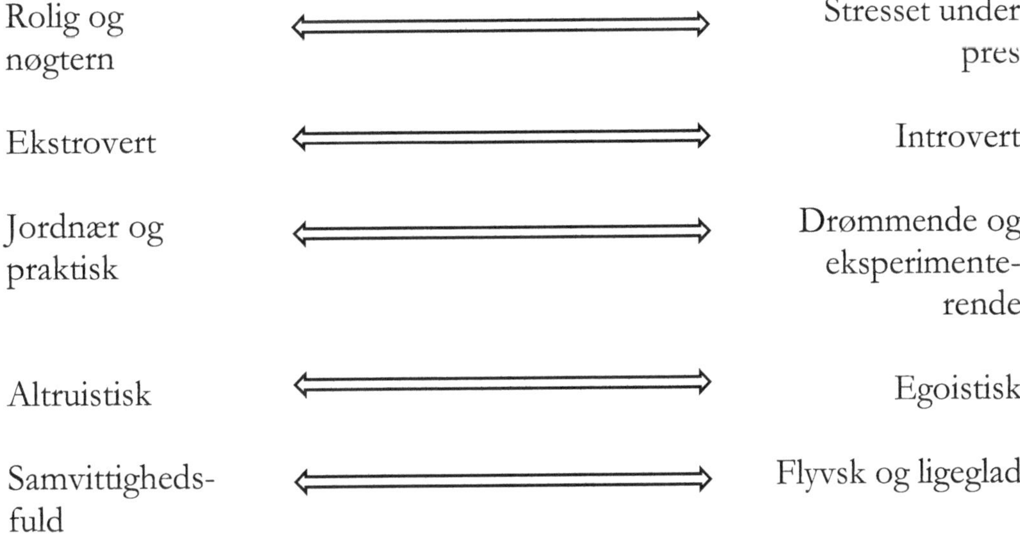

Opgave 142. Suverænitet

Fagord

- *Grønlands Historie*: Nationalparken

- Ordet *suverænitet* bruges flere gange i *Grønlands Historie*. F.eks. skal Sirius-patruljen hævde dansk suverænitet i Nordøstgrønland. Hvad betyder 'suverænitet', og hvorfor er det endnu i dag vigtigt, at have folk på jorden – det der ofte kaldes *boots on the ground* – for at kunne hævde suveræniteten?

- Hvem kunne man i dagens samfund forestille ville udfordre Rigsfæl-lesskabets suverænitet i Nordøstgrønland?

Opgave 143. Råstofudvinding

Historiebrug

- *Grønlands Historie*: Nationalparken
- Hvorfor er det så vigtigt for Grønland, at der etableres en råstofud-vinding?
- Hvad får Grønland ud af det på kort sigt?
- Hvad får Grønland ud af det på lang sigt?
- Hvilke negative effekter kan råstofudvinding have i et arktisk miljø?

Opgave 144. Bo i Ittoqqortoormiit?

Historiebrug

Perspektivovertagelse

- *Grønlands Historie*: Ittoqqortoormiit
- Kunne du tænke dig at bo i Ittoqqortoormiit? Hvorfor? Hvorfor ikke?

Opgave 145. Skolehverdag

Historiebrug

- *Grønlands Historie*: Ittoqqortoormiit
- Hvilke forskelle er der mellem skolen i Ittoqqortoormiit og den skole du går på i Danmark?
- Hvilke fordele og ulemper kan der være ved at gå en meget lille skole?
- Kunne du tænke dig at gå i en grønlandsk skole?

Opgave 146: De føjelige kroppe

Historiebrug

- *Grønlands Historie*: Ittoqqortoormiit

- Begrebet 'de føjelige kroppe' er hentet fra den franske samfundsteoretiker Michel Foucault. Han beskriver, hvordan fremvæksten af industrisamfundet nødvendiggjorde en disciplinering af folket. Institutioner som for eksempel skoler blev indrettet efter nogle særlige principper:

1. Det skal være let for en lærer at overvåge mange elever
2. Hver elev får tildelt en fast plads
3. Aktiviteterne skemalægges
4. Læreren bestemmer, hvilke aktiviteter eleverne skal lave
5. Læreren bestemmer, hvornår en elev må tale

- Genkender du principperne fra din egen skoledag? Beskriv hvordan de fungerer.

- Forestil dig principperne brugt i en grønlandsk skole med elever, der er vokset op med inuitiske traditioner i bagagen. Beskriv de eventuelle problemer du ser for dig.

Opgave 147. Klimanormaler

Kildearbejde

Historiebrug

- *Grønlands Historie*: Ittoqqortoormiit

- Find det DMI kalder for klimanormalen for din by og sammenlign den med normalen for Ittoqqortoormiit.

- Hvilke forskelle og ligheder er der mellem de to klimanormaler?

Opgave 148: Regnvejr på toppen af Indlandsisen

Historiske scenarier

Geografi: Jorden og dens klima

- *Grønlands Historie*: Ittoqqortoormiit

- Station Summit er en forskningsstation i 3.200 meters højde på toppen af Indlandsisen. Når temperaturerne deroppe kommer over frysepunktet, og der sker afsmeltning af sne og is, kan det registreres, fordi smeltevandet fryser i sneen. Det kan senere ses som lag i iskerner.

- De sidste 2000 år er det sket ni gange i følgende år: 244, 753, 758, 992, 1094, 1889, 2012, 2019 og 2021.

- Lav et diagram, der med den korrekte afstand mellem årstallene illustrerer dette fænomen.

- Hvad viser diagrammet? Hvorfor?

Opgave 149: Klimaforandringer og fangst

Kronologi, brud og kontinuitet samt Det lokale, regionale og globale

Samfundsfag: Kultur

Geografi: Jordkloden og dens klima samt Naturgrundlag og levevilkår

- *Grønlands Historie*: Ittoqqortoormiit

- Hvad betyder det for fangerne, når klimaet bliver varmere?

Opgave 150: Klimaforandringer og børn

Kronologi, brud og kontinuitet samt Det lokale, regionale og globale

Samfundsfag: Kultur

Geografi: Jordkloden og dens klima samt Naturgrundlag og levevilkår

- *Grønlands Historie*: Ittoqqortoormiit

- En UNICEF-rapport fra 2021 fastslår at 1 milliard børn berøres af klimaforandringerne på mindst et af følgende kriterier:
  - coastal flooding;
  - riverine flooding;
  - cyclones;
  - vector borne diseases;
  - lead pollution;
  - heatwaves;
  - water scarcity;
  - exceedingly high levels of air pollution

- Er der nogle af kriterierne, der gælder eller vil komme til at gælde for Grønland? For Danmark?

- Undersøg hvad UNICEF foreslår af tiltag imod dette scenarie. Er der tiltag, der kunne være aktuelle i en grønlandsk sammenhæng?

Opgave 151: Fremtiden

Konstruktion og historiske fortællinger

- *Grønlands Historie*: Ittoqqortoormiit
- Giv et bud på fremtidens Ittoqqortoormiit. Brug de muligheder du har læst om i *Grønlands Historie*:
    - Fangst: Se f.eks. på fangstdyr, forædling af produkter fra fangstdyr og afsætningsmuligheder
    - Minedrift: Fordele og ulemper for den enkelte ved arbejde i en af minerne. Fordele og ulemper for Ittoqqortoormiit som samfund
    - Turisme: Undersøg turistens omkostninger ved at besøge Ittoqqortoormiit; flybillet, overnatning, slædekørsel osv.

SELVSTÆNDIGHED

Grønlandsk selvstændighed er en reel mulighed. Muligheden er indskrevet i Selvstyreloven, så reelt er spørgsmålet om hvornår det skal ske overladt til grønlænderne selv.

Uden Rigsfællesskabets sikkerhedsnet er der dog en række forhold, der bør afklares inden den grønlandske befolkning spørges. *Grønlands Historier* sætter fokus på nogle af forholdene. Det samme gør opgaverne her:

Opgave 152: Hvorfor selvstændighed?

Historiebrug

Samfundsfag: Kultur

- *Grønlands Historie*: Selvstændighed

- Hvorfor er det vigtigt for næsten alle de politiske partier i Grønland at signalere ønske om selvstændighed?

Opgave 153: Hvorfor ikke beholde selvstyret med den sikkerhed det giver?

Historiebrug

Samfundsfag: Kultur

- *Grønlands Historie*: Selvstændighed

- Der står i *Grønlands Historie*, at selvstyre er en mulighed indenfor rammerne af Grundloven – det er det, der praktiseres i dag. Fordelen ved selvstyre er den økonomiske sikkerhed det årlige bloktilskud fra Danmark giver.

- Hvorfor er det ikke tilstrækkeligt for mange i Grønland?

Opgave 154: Den gradvise selvstændighed

Historiebrug

Samfundsfag: Kultur

- *Grønlands Historie*: Selvstændighed
- Der argumenteres i *Grønlands Historie* for, at den gradvise selvstændighed, hvor forvaltningsområderne hjemtages gradvist, er en krævende vej at følge.
- Hvorfor er det en vanskelig vej?
- Bliver det nemmere at styre landet, hvis man gennemfører en hurtig selvstændighed, og så bagefter må håndtere forvaltningsområderne?

Opgave 155: Grønlændere i Danmark

Historiebrug

Samfundsfag: Kultur

- *Grønlands Historie*: Selvstændighed
- En fjerdedel af den grønlandske befolkning bor i Danmark.
- Hvad skal der ske med dem, hvis Grønland erklærer sig selvstændig fra Danmark?

Opgave 156: Det følelsesmæssige tab

Historiebrug

Samfundsfag: Kultur

- *Grønlands Historie*: Selvstændighed
- Hvorfor står der i teksten, at en grønlandsk selvstændighed vil være et følelsesmæssigt hårdt slag for mange danskere?

Opgave 157: Pligt til fortsat at yde bloktilskud?

Historiebrug

Samfundsfag: Kultur

- *Grønlands Historie*: Selvstændighed
- Er Danmark forpligtet til, udover en kortere årrække med nedtrapning af bloktilskuddet, at yde Grønland finansiel støtte i tilfælde af selvstændighed.

Opgave 158: Monroe-Doktrinen

Historiebrug

Samfundsfag: International politik og Kultur

- *Grønlands Historie*: Kolonistyrets udvikling og Selvstændighed
- Hvad er *Monroe-Doktrinen?*
- Hvorfor nævner *Grønlands Historie* doktrinen gentagne gange som en ramme for Grønlands udenrigsanliggender?

Opgave 159. Postkolonial nationalisme

Historiebrug

Samfundsfag: Kulturer

- *Grønlands Historie*: Teori V: Postkolonial nationalisme i det senmoderne
- I *Grønlands Historie* tales der om 'demonstrativ fremvisning af kulturtradition'.
- Giv eksempler på postkolonial nationalisme i Grønland.
- Giv eksempler på postkolonial nationalisme i Danmark.
- Hvorfor kan det være interessant at spørge til postkolonial nationalisme i Danmark?

AFSLUTTENDE OPGAVER

Som afrunding på arbejdet med *Grønlands Historie* er her en række mere generelle opgaver om Grønland, grønlandsk kultur og en eventuel kommende selvstændighed. Sidste opgave er en formidlingsopgave, der samler op på de berørte temaer og hvor eleven selv skal demonstrere sine indsigter i og evne til at behandle og forholde sig kritisk til Grønlands historie.

Opgave 160: Sammenlignende kulturanalyse

Historiebrug

- *Grønlands Historie*: Teori IV: Sammenlignende kulturanalyse
- Læs afsnittet om Sammenlignende kulturanalyse i *Grønlands Historie*.
- Kan du genkende de danske scorer fra dig selv og fra mennesker omkring dig? Beskriv og begrund ligheder og forskelle mellem dine egne erfaringer og Hofstedes målinger.
- Hvis der er forskellige kulturelle baggrund repræsenteret i jeres klasse, kan I enten hente de respektive landes scorer på Hofstedes hjemmeside og drøfte forskelle og ligheder og hvad det betyder for jer som individer og elever...
- ...eller I kan i en åben samtale i klassen give hinandens kulturer scorer i forhold til de seks dimensioner. Hvis I kan gøre det i den ordentlig og fordragelig tone, kan det blive en meget morsom øvelse.
- Prøv ud fra det I nu ved om den traditionelle grønlandske kultur, og hvordan den er båret med ind i det moderne grønlandske samfund, at give den scorer på dimensionerne. Hvilke forskelle og ligheder tror I, der er mellem Grønland og Danmark? Hvad betyder eventuelle forskelle, for eksempel i forhold til skolegang og uddannelse?

Opgave 161: Skolen i Grønland

Historiebrug

Samfundsfag: Kultur

- *Grønlands Historie*: De arktiske jægerkulturer, Kolonien Ammassalik, Nutidens sociale problemer og Ittoqqortoormiit

- Denne opgave løser du på baggrund af det du har læst i *Grønlands Historie* og eventuelt andre steder, samt ovenstående opgave om kultursammenligning.

- Opstil to lister ved siden af hinanden, der i punktform beskriver Inuitkulturen og den grønlandske skolekultur. Da den grønlandske folkeskole stort set er et spejlbillede af den danske, kan du tage udgangspunkt i dine egne skoleerfaringer fra Danmark.

- Hvor er der sammenfald og hvor er der forskelle mellem de to kulturer?

- Hvilken betydning kan det have for eleverne i den grønlandske skole?

Opgave 162: Oprindelige folkeslag i det circumpolare område

Historiebrug

Samfundsfag: Kultur

- *Grønlands Historie*: De arktiske jægerkulturer, Hjemmestyre, Selvstyre og Selvstændighed

- Beskriv og sammenlign oprindelige arktiske folkeslag – deres kultur og historie

- Forklar de forhold i natur, historie og politiske systemer, der har betinget forskelle i levevilkår og livsstil blandt oprindelige folkeslag i det arktiske

- Forklar konsekvenserne af forskellige 'moderlandes' kolonisationer i det arktiske.

Opgave 163: Oprindelige folks rettigheder

Kronologi og sammenhæng

Kildearbejde

Historiebrug

Samfundsfag: Politik og Sociale og kulturelle forhold

- *Grønlands Historie*: De arktiske jægerkulturer, Hjemmestyre, Selvstyre og Selvstændighed
- Hvilke internationale regler vedrørende oprindelige folks rettigheder findes der?
- Hvilke instrumenter gør disse regler brug af?
- Hvor effektive er disse regler til at løse uoverensstemmelser for eksempel omkring ressourceudnyttelse contra hævdvunden ret til et område?

Opgave 164: Økonomisk udvikling i Aktis

Historiebrug

Samfundsfag: Politik og Økonomi

- *Grønlands Historie*: Hjemmestyre, Selvstyre og Selvstændighed
- Giv et kvalificeret bud på den økonomiske udvikling i Arktis
- Vurder om den økonomiske udvikling kan og vil være bæredygtig

Opgave 165: Organiseret debat

Historiebrug

Samfundsfag: Formidling

- *Grønlands Historie*: Hjemmestyre, Selvstyre og Selvstændighed
- Del klassen i to grupper, så hver gruppe.
- Hver gruppe skal finde argumenter for spørgsmålet om Grønlands fremtidige status:
- Hold 1 skal argumentere for Grønlands selvstændighed fra Rigsfællesskabet. Hold 2 skal argumentere for Grønlands fortsatte medlemskab af Rigsfællesskabet. Giv grupperne tid til at formulere sig.
- De to grupper står overfor hinanden med 3-5 meters mellemrum. Læreren står imellem grupperne og fungerer som ordstyrer. Brug evt. en

bamse (en isbjørn eller en sæl?) som symbol på taleretten, og kast den til den der skal have ordet.

- I første runde skiftes grupperne til at argumentere for sagen ud fra den pålagte opgave. Lad hver gruppe få taletid ca. 5 gange.

- I anden runde får eleverne lov til at 'stemme med fødderne', dvs. skifte gruppe, hvis de foretrækker den anden gruppes argumenter. Igen skifter taleretten mellem grupperne. Fortsæt indtil eleverne ikke længere skifter plads – eleverne har nu gennemført et (tilnærmet) informeret valg.

Opgave 166: Tidslinje

Kronologi

- *Grønlands Historie*

- Indsæt de væsentligste begivenheder i Grønlands historie på en tidslinje.

- Marker betydelige brud og kontinuiteter i historiens forløb.

Opgave 167: Formidlingsopgave

Samtlige færdigheds- og vidensmål

- *Grønlands Historie*

- I skal individuelt eller i grupper planlægge og gennemføre en formidling af det I har lært til en aftalt målgruppe – det kan f.eks. være jeres forældre eller en anden skoleklasse.

- Hvilke medier I benytter til formidlingen, aftaler I med jeres lærer.

- Vær forberedt på, at I skal formidle også til andre end jeres lærer!

- Og vær forberedt på, at I skal være aktivt lyttende, når de andre (grupper) formidler deres viden om Grønlands historie til jer!

- På den måde får I det store overblik over hele Grønlands historie

- God fornøjelse!

GLÆDEN
– Tableauer fra Myternes Land

Med skyldig tak til Knud Rasmussen, *Bestiarium Groenlandicum*, Martin Luther King, Henrik Ibsen, Shakespeare, John Steinbeck og mange flere.

Eleverne agerer og har nogle begrænsede replikker, mens fortælleren binder historien sammen. Inspiration til kostumer kan med fordel hentes fra *Bestiarium Groenlandicum*

Indledning

1   En aften på briksen
I spæklampens skær
Alle er triste
Nødden er stor:
Glæden er borte
Skjult for mennesker
  Og dyr

2   Da lod angakokken
Trommen danse
Med gentagne rytmer
Den spåede
Og angakokken
  Gav ordene liv:

3   "Glæden den findes
Langt imod nord
I Myternes Land
Den lever blandt
Væsener og dyr
  Og i gamle historier

4   I Myternes Land
Hvor ravnene kan tale
Hvor kun få
Kan komme
Og hvorfra
  Endnu færre kommer tilbage

5   En rejse til Myternes Land
Kræver barnets uskyldighed
Og blodets bånd
Kun et søskendepar
Kan gøre rejsen
  Aviaja og Inuk må rejse

Aajumaaq

6   Men før I rejser
Må I have en hjælpeånd
Der kan vise vej
Og beskytte mod det onde
Det er dig, Inuk
  Der må kalde den frem"

7   Og Inuk han kaldte:
Aajumaaq
Aajumaaq
Aajumaaq
Og frem kom 'den ærmede'
  Og tilbød sin hjælp

8   "Åh, Aajumaaq
Rejs med os
Til Myternes Land
I jagten på glæden
Vis os vej
  Og beskyt os mod det onde"

Aua
9   Slædefart over frosne vidder
Løftede haler og hundeprut
Herligt!
Men se:
Der vandrer en gammel mand
  Lad ham få plads på slæden

10   "Tak til gæsterne, der kom-
mer
Og tak for plads på slæden
Jeg ved I skal rejse langt
Og se mærkelige ting
Lad mig slå følge med jer
  Ud i den forunderlige verden

11   Dyr og mennesker
Står hinanden nær
Derfor kan de
I Myternes Land skifte ham
Så menneske bliver dyr

Og dyr bliver menneske

12   I får min morgenbøn
Hvisket i jeres ører
Den vil gøre en lang rejse kort
Den vil give jer frost og god sne
Den vil beskytte jer
  Så I kan finde glæden:

13   Jeg rejser mig fra hvilen
Med bevægelser
Der er som hastige
Ravnes vingeslag
Jeg rejser mig
  For at møde dagen

14   Mit åsyn vender sig bort
Fra nattens mørke
Og stirrer ud
Mod morgengryet
Der hvidner
  Wa – wa"

Iseqqat
15   Hvem kommer tumlende
der?
Hvem er det, der vælter rundt?
Hvem er det, der spørger:
"Hvorfor det?
Hvorfor det?"
  Det er Iseqqat, de små

16   De driller og de stjæler
Fra kødstativer
Og fra gryder

De elsker mad
Men fanger ikke selv
 For mennesker er de en pesti-
 lens

17   Sådan lever de
Og sådan har de altid levet
Men hvilken glæde har de?
Kan de nyde stjålet kød?
Er drillerier
 Nok at leve for?

18   Aviaja vil det bedre
For de små
Hun inviterer dem på slæden
Til en færd til Myternes Land
Til at søge den glæde
 De nu lever uden

19   Der er plads på slæden
Og allerede der
I venners selskab
Smager stor som lille
De første søde dråber
 Af glæden som de alle søger

Kassassuk
20   Slæden flyver igen
Nærmer sig Myternes Land
Da står der ved sporet
Klædt i pjalter
Og næsebor store som sæløjne
 Kassassuk, den forældreløse

21   "Hej" siger Aviaja

Vi er på vej ind i Myternes Land
For at finde Glæden
Sæt dig på slæden
Følg med os
 Og støt os i vores opgave"

22   "Tak som byder"
Sige Kassassuk
"Men jeg skal den anden vej
Jeg har vreden i mig
Og søger hævnen
 Over dem, der gjorde mig ondt

23   Da mine forældre døde
Gav de mig kun hullet tøj
At varme mig i
De stillede min sult
Med afgnavede ben
 De lod mig sove i husgangen

24   Hævnen bliver sød
Den giver mig oprejsning
For års fornedrelse
Jeg bliver den mægtigste
En storfanger
 Med rigdom og magt"
25   "Du gør det forkerte"
Svarede Inuk
"Om du så vandt den halve jord
Men selv dig tabte
Din vinding var kun
 Krans om kløvet tinding

26   Kom i stedet med os
Søg Glæden fremfor Hævnen

Og få ro i dit sind”
”Sandelig taler du klogt”
Svarer Kassassuk
  Og slår ned på slæden

Akueqqutit
27   Lyse dage og frosthård sne
Hunde i stramme skagler
Ørerne vagtsomt lyttende
Pludselig fryser Inuk
En iskold ånd
  Har sat sig bag ham på slæden

28   Aviaja ser den og siger:
”Inuk, pas på
Bag dig er Akueqqutit
Den vil have dig
Til at gøre dumme ting
  Og opfører dig dårligt

29   Hver kan du bare tænker
På at synde
Siger den til dig
”Gør det bare
Gør det bare”
  Men hør hvad jeg siger:

30   Det hedder ikke
’Du skal herske over synden’
Der er en ufravigelig bydemåde
som ikke overlader et ansvar
hverken til dig
  eller menneskeheden

31   Det hedder heller ikke

’Du vil herske over synden’
For det lader
Skæbnen bestemme
Og med den mister du
  Din selvbestemmelsesret

32   Nej, det hedder
’Du kan herske over synden’
– og du kan også lade være
Ansvaret er dit
Du og alle mennesker
  Har en fri vilje og bestemmer
  selv

33   Og Inuk er glad
Med Aviajas hjælp
Har han overvundet
Akueqqutit
Så ånden aldrig mere
  Skal lede mennesker i synd!

Julemanden
34   Med sit hvid skæg
Og sit røde tøj
Er ingen i tvivl:
Det er Julemanden
I egen korpulente person
  Alene på vidderne

35   ’Fortvivl børn
Julen er borte
Og med den glæden
I alle børnehjerter
Mine rener er væk
  Julen er aflyst”

36   Inuk svarer ham:
"Julemand dog
Du hører slet ikkc til
I denne historie
Ser du den røde planet
Nogle kalder den Mars
 Jeg tror det er Rudolfs næse"

37   "Inuk, du har ret
Jeg skal ud
Af historien igen
Og Rudolfs næse lyser
Som et fyr
 Skål for de røde næser"

Maliina og Aningaaq
38   I den drivende sne
Aviaja skuer
Var der noget
Eller nogen?
Jo, der løber en kvinde
 Hun bærer på Solen

39   Aviaja siger:
"Sæt dig på slæden
Du må træt
Du vandrer over himlen
Den ganske dag
Fortæl mig din historie
 Hvem er du?"

40   "Jeg er Maliina, Solen
Jeg flygter
Fra min bror, Aningaaq
Han gjorde mig uret

 Jeg frygter ham"

41   Halsene ud af intetheden
Kommer en ungersvend
Med vandrestav og månen på
ryggen
Det er Aningaaq
Han kaster sig ned på slæden
 Og omfavner Maliina

42   "Maliina, søster, endelig
Fandt jeg dig
Jeg har ledt og jeg har søgt
Jeg ved, jeg gjorde dig uret
Tilgiv mig
 Jeg elsker dig"

43   Da tog den kloge Aviaja
Ordet og talte til begge:
"Maliina og Aningaaq
I er kommet
af samme moders skød
 I er ét

44   Noget er kommet
Imellem jer
Noget har gjort jer
Bange for hinanden
Men Aningaaq angrer
 Maliina, kan du tilgive?

45   I bekendelsen
Af en synd
Ligger tilgivelsen
Så hør:

I er også
  Hinandens løsning

46   Maliina og Aningaaq
I er lys
og I er mørke
I er had
og I er kærlighed
  Hvor gemmer I glæden?

47   Mørke
Kan ikke fordrive mørke
Det kan kun lys
Had
Kan ikke fordrive had
  Det kan kun kærlighed"
48   Maliina og Aningaaq
Så på hinanden og lo
"Du har ret Aviaja. Vi er ét
Du gav os glæden tilbage
Nu vil vi finde jeres glæde
  Sammen med jer"

Nalaarsik
49   Inuk søger svar:
"Sig mig Aningaaq
Hvem er manden
I vandskindsklæder
Der fulgte med dig
  Fra himlen herned?"

50   "Det er Nalaarsik
I kender ham som Vega
I stjernebilledet Lyren
Han viser vej

I mørketiden
  Når solen er borte

51   Lad ham rejse med
Giv ham plads på slæden
En vejviser
Og en vejleder
Kan alle få brug for
  Når Sila viser tænder"

Asiaq
52   Et vindpust
Bliver til snestorm
Alt er hvidt
Og verden
Som vi kender den
  Bliver borte

53   Ud af snefoget
Træder en sælsom kvinde
Alt vender forkert
Øjnene står lodret
Næsen ligger ned
  Munden åbner sidelæns

54   Det er Asiaq
Vindens hersker
Med lidt bjørneskind
Forvandler hun
Stille vejr til storm
  Og brise til orkan

55   "Asiaq, Asiaq, Asiaq"
Råber Aviaja
"Hjælp os

Så vil vi hjælpe dig
Få stormen til ro
  Og find glæden sammen med os

56   Jeg ved du søger en mage
Ham kan jeg ikke
Give dig
Men finder du glæden i dig selv
Sammen med os
  Finder du manden du søger"

57   "Lille Aviaja"
Brøler Asiaq gennem stormen
"Du er klogere end du er stor
Storm læg sig
Jeg vil søge glæden
  I Myternes Land

Qivittoq
58   Klædt i pjaltet skind
Grene og blade
Med røde, brændende øjne
Og uglet hår
Træder frem en skikkelse
  Et jaget væsen – en qivittoq

59   Da kommer
Aajumaaq Inuk til hjælp:
"Vær ikke bange barn
En qivittoq kan ikke skade dig
Til gengæld kan du
  Udfri den af dens smerte"

60   Så tager Inuk ordet:
"Hvorfor blev du fjeldgænger

Hvilken skam blev
Nedkaldt over dig
At du må bære smerten
  Som ensom ånd i fjeldet?"

61   "Jeg tabte ansigt
Overfor min boplads
Da jeg troede mig bedre
End de andre
Da jeg hånede dem
  Og brugte trolddom mod dem

62   I grunden
Er de gode mennesker
Og jeg er ikke nogen storfanger
Derfor så jeg ikke
Anden udvej
  End at drille og genere

63   I min ensomhed i fjeldet
Tager jeg straffen
For ikke at vedgå
Hvem jeg er
Og for at hævde mig
  På andres bekostning"

64   "Hør på mig, du elendige
Smerten er nok selvforskyldt
Og rider dig som en mare
Men du kan bryde dine lænker
Rejs med os til Myternes Land
  Og find den forløsende glæde

65   End en gang:
Gør plads på slæden

Til et spøgelse
Der engang var menneske
Giv det chancen
 For at gøre ondt til godt"

Qaqqat Naalagaat
66   Hundene glammer
Og trækker slæden
Over sletter
Og gennem dale
Mellem stejle fjelde
 Til Qaqqat Naalagaat

67   Kæmpen i fjeldet
Kommer til slæden
Her giver han
Inuk og de andre
En belæring
 De sent skal forglemme

68   Fjeldenes Herre
Taler med dundrende stemme:
"Herude
under den skinnende himmel
Det hedder:
 'Mand, vær dig selv'

69   Derinde i fjeldet
Blandt troldenes flok
Det hedder:
"Trold, vær dig selv nok"'
Heraf kan I lære
 Ærede publikum

70   At kun det lille 'nok'

Er forskel på mand og på trold
Og tænk jer nu om
Og sig mig så:
Hvor mange trolde
 der bor iblandt mennesker?

71   Og mere end det:
For hvor skal glæden
Finde sin plads
Hvis de fleste af os
I virkeligheden er trolde
 Der er os selv nok?

72   Nej, trolde må blive
Hvor trolde skal være
Heroppe skal vi
Være os selv
Og give plads
 Til hinanden – og glæden

73   "Kloge ord" sagde Inuk
"Ryk sammen på slæden
Vi har altid plads
Til en kæmpe
Der kan lærer os
 Om mennesker, trolde og
 glæde"

Erlaveersiniooq
74   Aajumaaq taler igen:
"Vi nærmer som målet
Vi nærmer os Myternes Land
Men pas på
For ved porten til landet
 Vogter Erlaveersiniooq

75   Hun er en kvinde så grum
Hun klovner og driller
Men giver du efter og smiler
Skærer hun med sin ulo
Din mave op
  Og æder din indvolde"

76   Med stramme ansigter
Og under et smil
Kørte slæden med venner
Frem til Erlaveersiniooq
Der stod med qilaat og ulo
  Og ulk dinglende i skrævet

77   Alle holdt masken
Og netop som slæden
For forbi Erlaveersiniooq
Ynkedes Aviaja:
"Stakkels gamle kone
  Dit liv er en smerte

78   Slip ud af det fængsel
Som sagnet holder dig i
Gør dig fri af den dom
Der holder dig fast
I et liv
  I evig ondskab

79   Kom i stedet med os
Find glæden
Hvor også vi vil finde den
Bliv hel igen
Bliv et menneske igen
  Bliv dig selv igen"

80   Erlaveersiniooq
Lader qilaat'en tavs
Og lægger ulo'en fra sig
"Kære barn
Aldrig er der talt
  Så kærligt til mig

81   Aldrig før har nogen
Set min ulykke
Bag tant og fjas
Bag trusler og fortræd
Jeg følger dig gerne
  Og bliver menneske igen"

Ved rejsens ende

82   Ved rejsens ende
På de nordligste sletter
I Myternes Land
Bliver glæden vist frem
Af det mindste væsen
  I det store univers

83   En værling
Lille og grå
Flyver med triller
Op imod sky
Så højt
  Vingerne bærer

84   Men så
I den iskolde luft
Fryser vinger til is
Trillerne forstummer
Og den grå værling
  Styrter mod jorden

85   ”Åh” tænker
Aviaja, Inuk
Og de andre på slæden
”Højt at flyve
Dybt at falde
 Dette må være fuglens død”

86   Men nej!
Den falder bag en moskus
Der behændigt dækker den
Med en lort så stor
”Hvis ikke luftens frost dræber
 Må lortens hede gøre det”

87   Men værlingen er sej
Hovedet kommer frem
Og stående i lort
Til halsen
Den genoptager
 Sine triller.

88   Men så
For historien skal jo ende
Kommer der en ulv
Den trækker fuglen op af lortet
Renser den for snavs
 – og æder den!

89   Moralen er
For Aviaja og Inuk
For alle andre skabninger
På slæden
Hjemme på briksen
 Og i den ganske verden:

90   Den der skider på dig
Er ikke nødvendigvis din fjende
Og den der trækker op af lortet
Er ikke nødvendigvis din ven
Men vigtigst for os alle
 Og der hvor glæden findes:

91   Det er ikke
Altid klogt
At synge
Når man står i lort til halsen
Men det kan sørme
 Være svært at lade være!

92   Således fandt Aviaja og Inuk
Glæden
I dem selv
I hinanden
I vennerne på slæden
 I de klare triller

Afslutning
93   Og til jer
Kære publikum
Er der kun at sige:
Hvis vi skygger har fornærmet
Se da sådan på det
 og alt bliver godt igen:

94   At du bare her har sovet lidt
Mens disse væsner kom til dig
Og denne svage tanke
Er intet mere end en drøm
Kære venner, hvis I tilgiver
 Giver vi jer et løfte:

95   At jeg som ærlig fortæller
Og Aviaja og Inuk
Og alle andre på slæden
Og hjemme på briksen
Som glæden skuet har
 Har og en drøm for jer:

96   Vi har en drøm:
At se store og små børn
Gå hånd i hånd til skole
At se piger og drenge
Gå hånd i hånd til skole
 Vi har en drøm!

97   Vi har en drøm:
At se glade børn og voksne
Lege sammen
At se glade børn og voksne
Lære sammen
 Vi har en drøm!

98   Så god nat til alle jer
Giv os jeres hænder,
Hvis vi er venner,
Og glæden skal komme
Til hvert et barn
 Og til hvert et hjem